≡ 昌明文庫‧悅讀國學 ≡

白話譯注

道德經

徐浩 —— 注釋

目 錄
CONTENTS

　　《道德經》五千餘言，用韻文寫就，是一部講哲理的古籍，被譽為哲學詩。全書文字簡潔，含義豐富，內容涉及哲學、政治、經濟、軍事、文化、社會倫理、人生哲理、修身養性等眾多領域，故又被稱為世界上最早的微型百科全書。《道德經》自問世兩千多年以來，為歷代學者所重視，作注者甚眾，各種注本《道德經》多達三千種以上。值得玩索的是，歷代學者注《道德經》之多，遠遠超過注《論語》；而歷代統治者對《論語》的重視，卻遠遠超過《道德經》。究其原因，在於《論語》適合歷代統治者的政治需要，並能很好地為其服務；而《道德經》則不然。

　　縱觀《道德經》全書，可以看出其最顯著、最突出的特點是：一、論述了「道」與「德」的本質和特徵，也就是論述了自然界的物質性及其運動變化的規律性，強調人應當保持固有的本性，與自然相和諧。二、由論述自然而論及社會政治及人的思維，都普遍存在著客觀規律，告誡統治者要順前任自然，按客觀規律辦事，實行「無為而治」；否則，違背客言觀規律，強作妄為，危害百姓，是不會有好下場的。三、對統治者嚴苛的政治壓迫與殘酷的經濟剝削，進行了嚴厲的譴責，表示了強烈的憤慨。四、對於百姓被壓迫被剝削的苦難生

活，寄予了深切的同情，在一定程度上反映了他們的願望和呼聲。這四個特點，在古代思想家的著作中，是極為少見的。

《道德經》不僅為我國學者所重視，受到廣大讀者的喜愛；也為世界許多國家的學者所重視，近幾年來更是風靡世界。德國哲學家尼采曾經稱讚說：《道德經》「像一個永遠不會枯竭的井泉，滿載寶藏，放下汲桶唾手可得。」美國學者蒲克明肯定地說，在未來的大同世界裏，《道德經》將成為家喻戶曉的一部書。從很早的時候起，《道德經》就被國外翻譯成外文出版發行，僅英譯本就有三十多種，而在美國圖書市場上，則有十七種《道德經》版本流行。據有人統計，世界上版本最多、發行量最大的書，一是《聖經》，二是《道德經》。20世紀80年代後期，美國總統雷根在就職演說中，曾引用了《道德經》裏的一句話：「治大國若烹小鮮」，說明自己的施政方針，從而引起美國及其它國家的人民對《道德經》的廣泛興趣，興起了一股《道德經》熱。

當前，國學熱正在全國興起，方興未艾。筆者撰寫這本《道德經》注譯，意在為促進國學的繁榮，弘揚祖國優秀傳統文化，盡一點綿薄之力。由於注譯者學識水準有限，缺點錯誤在所難免，敬希學者專家和讀者批評指正，則幸甚！

撰者
2007 年 1 月 24 日

一　章

　　「道」作為中國古典哲學中的一個概念，是老子首先在《道德經》裏提出來的。老子哲學的中心思想是「道」，它的含義是：一、「道」是一種物質性的東西，是構成宇宙萬物的元素；二、「道」是運動變化的，而運動變化是有規律的，自然界、人類社會和思維的一切運動無不遵循「道」的規律。這一章的意思是說，「道」是不可以言語來說明的，但天地萬物卻是由「道」產生的。「道」的深遠奧妙，需要從「無」和「有」加以觀察領悟。

　　道可道，非常道[1]；名可名，非常名[2]。

　　無，名天地之始；有，名萬物之母[3]。

1　第一個「道」字和第三個「道」字，是老子哲學裏的專有名詞。第二個「道」字是動詞，是用言語說明的意思。

2　第一個「名」字和第三個「名」字，是老子書中的特有名詞，是稱謂「道」的。第二個「名」字作動詞使用，是用言詞表達的意思。

3　老子認為，「道」本身包含著「無」和「有」兩個方面。「無」，是作為天地混沌未開之際的稱謂；「有」，是作為萬物產生之本原的稱謂。

故常無，欲以觀其妙；常有，欲以觀其徼⁴。

此兩者，同出而異名⁵，同謂之玄⁶。玄之又玄，眾妙之門⁷。

📑 譯文

「道」可以用言語來說明，就不是常「道」；「名」可以用言語來表述，就不是常「名」。

「無」，是天地混沌未開之際的稱謂；「有」，是萬物產生之本原的稱謂。

所以，要常從「無」中觀察領悟「道」的奧妙；要常從「有」中觀察領悟「道」的端倪。

「無」和「有」這兩者，都是同一來源而不同名稱，都可以說含義深遠。「無」和「有」含義深沉而又深遠，是認識宇宙萬物一切奧妙的門徑。

📑 評析

在這一章裏，老子提出了「道」這一哲學概念，並對「道」的含義作了簡明而又深刻的論述。歷代學者專家，對老子的哲學概念「道」作出各種各樣的解釋和發揮，基本上分為兩個學派，一派認為

4　徼：原為邊際的意思，這裏可引申轉化為開端的意思。

5　此兩者：指「無」和「有」。同出：指同出於「道」。

6　玄：幽昧深遠，神秘莫測的意思。

7　眾妙之門：宇宙萬物運動變化所由出的總門徑，即指「道」而言。

老子的「道」屬於唯物主義哲學範疇；一派認為老子的「道」屬於唯心主義哲學範疇。但從老子書中所表述的「道」的思想內涵來看，大體上有兩個方面，一方面是指宇宙本體，亦即物質世界的實體，是構成宇宙萬物的元素；另一方面是指支配物質世界或現實事物運動變化的普遍規律，沒有無運動的物質，也沒有無物質的運動。這兩方面既是不可分離的，又是有區別的。老子認為，稱謂「道」的「名」的概念，反映著人們對「道」的理性認識，「名」和「道」的關係，亦即名和實的關係，也就是思維和存在的關係。在老子看來，思維是存在的反映，思維和存在具有一致性，但又不完全一致。具有一致性，「道」才可道，「名」才可名，是相對真理；不完全一致性，才是「道」和「名」所蘊含的絕對真理之所在。

二　章

■ 題解

　　老子的哲學思想，包含著樸素的唯物論和樸素的辯證法。前一章講的是唯物論，這一章講的是辯證法。這一章的前半部分，闡述一切事物的存在，都具有相互依存的關係，對立統一是事物存在的普遍形式；這一章的後半部分，闡述「聖人」運用辯證法「處無為之事，行不言之教」，是順應自然、遵循事物發展客觀規律的表現。

　　天下皆知美之為美，斯惡矣[1]；皆知善之為善，斯不善矣。

　　有無相生[2]，難易相成，長短相形，高下相盈，音聲相和[3]，前後相隨，恒也。

　　是以聖人處無為之事[4]，行不言之教，萬物作而弗始，生而弗有，

1　惡：此處指醜，與美相對立而存在。

2　有無：此處指現實事物的存在與不存在，或發生與未發生，與上章講的出於「道」的「無」與「有」含義不同。

3　音聲：古人的用法，簡單的發音叫做「聲」；聲的組合，成為音樂節奏的，叫做「音」。和：聲音相應，可引申為互相對立和依存。

4　聖人：指有智慧、懂得自然規律、品格高尚、善於辦事的理想人物。有時也指理想的有作為的統治者。

為而不恃，功成而弗居。夫唯弗居，是以不去。

🗒 譯文

天下人都知道美之所以為美，就是因為有醜的存在；都知道善之所以為善，就是因為有惡的存在。

有和無互相對立而產生，難和易互相對立而形成，長和短互相對立而體現，高和下互相對立而存在，音和聲互相對立而和諧，前和後互相對立而出現，是永恆的。

所以「聖人」用「無為」的態度處理世事，實行「不言」的教導；任憑萬物生長而不加干涉；生養萬物而不據為己有；為萬物盡了力而不自恃己能；功成而不自居。正因為他不居功，所以他的功績不會失去。

🗒 評析

在這一章的前半部分，老子著重論述了辯證法思想，指出一切事物都有對立面，失去了對立的一方，另一方也就不存在。老子用美與醜、善與惡、有與無、難與易、長與短、高與下、音與聲、前與後的關係說明，一切事物都是相互對立的，又是相互依存的，在相反的關係中，顯現相成的作用。

在這一章的後半部分，老子提出了「無為」的觀點，是運用辯證法思想指導社會生活。他的「無為」並不是無所作為、消極被動，而是順應自然、依循事物發展的規律而作為，不主觀地強作妄為，把事

情辦壞了，還以有功自居。他所說的「聖人」，是指有智慧、懂得自然規律、品二格高尚、善於辦事的理想人物。有時也指理想的有作為的統治者。

學術界有人認為，第一章是《道德經》的總綱；也有人認為，第一、第二章是《道德經》的引言，或者說是概論，全書的主旨盡在其中。

三 章

■ 題解

　　在老子生活的春秋末期，天下動亂不已，各諸侯國之間互相征戰、兼併，大國稱霸，小國自保，統治者們為了維護自己的統治，紛紛招攬賢才，用以安邦治國。正是在這種社會背景下，流行著所謂尚賢的主張，引起野心家們競相爭逐權位。而爭逐權位的人，又都是不擇手段貪圖財物之徒。這是造成盜賊起、民心亂的重要原因。針對這種情況，老子在這一章裏提出了不尚賢的主張，批評了物欲的為害，主張實行聖人之治。

　　不尚賢[1]，使民不爭[2]。

　　不貴難得之貨，使民不為盜。

　　不見可欲，使民心不亂。

1　尚賢：崇尚賢才，此處指自我標榜賢才的人。「不尚賢」：不推重賢才，即不給那些自我標榜為賢才的人以高官厚祿。
2　使民不爭：使人民不爭逐權位、功名、利祿、錢財。

是以聖人之治，虛其心³，實其腹，弱其志⁴，強其骨。

常使民無知無欲⁵；使夫智者不敢為也⁶。

為無為⁷，則無不治。

▣ 譯文

不推重自我標榜的所謂賢才，免得人民爭權奪利。

不珍貴難得的珍品奇貨，免得人民生貪心而為盜。

不顯耀可以引起貪欲的財貨，免得搞亂人民清淨的心思。

所以「聖人」治理天下，要淨化人民的心思，滿足人民的溫飽需求，削弱人民爭逐名利的欲念，增強人民自食其力的體魄。

要常使人民沒有巧偽奸詐的心智，沒有爭奪財物的欲念；使機智巧詐的人不敢胡作妄為。

以「無為」的方式治理政事，就沒有天下不太平的。

▣ 評析

這一章，反映了老子對當時社會現實的強烈不滿，認為統治者推重所謂賢才，給他們以權位，使他們得以不擇手段地圖謀錢財，造成

3　虛其心：淨化人民的心思，使其沒有貪欲。

4　弱其志：削弱人民爭逐名利之志，使其不生機智巧詐之心。

5　無知無欲：使人民沒有巧偽奸詐的心智，沒有爭奪財物的欲望。

6　智者不敢為：機智巧詐的人，不敢胡作妄為。

7　為無為：以「無為」的方式治理天下，亦即以順應自然的態度處理政務。

盜賊起、民心亂的嚴重社會問題。老子有針對性地提出不尚賢的主張，是非常值得人們深思的。不尚賢，不等於不要賢才。老子主張實行聖人之治的聖人，就是真正的賢才。在老子看來，這樣的聖人，具有高尚的道德品質，又有智慧和才能，採取無為而治的方式治理政事，淨化人民的思想，讓人民順應自然規律從事生產活動，滿足生活需求，消除不正當的物欲，使機智巧詐之人不敢胡作非為，天下自然就太平了。

四 章

■ 題解

　　這一章，論述了「道」的內涵和作用。在老子看來，「道」是虛的，無形無象，視之不見，不可感觸，只可感知。虛的「道」並不是一無所有的不存在，而是一種確實存在的物質元素，蘊藏著無限豐富的創造因子，因而它的作用是無窮無盡的。正是這種虛的「道」，不但是產生天地萬物的根源，而且在上帝產生之前就存在了。這樣，老子就否定了上帝創造天地萬物說。有學者認為，老子在這裏提出了無神論的觀點，是不錯的。

　　道沖[1]，而用之或不盈[2]。
　　淵兮，似萬物之宗；
　　挫其銳，解其紛；
　　和其光，同其塵；

1　沖：古字為「盅」，空虛的意思。《說文》：「盅，器虛也。」
2　不盈：不滿，可引申為無窮無盡。

湛兮[3]，似或存。

吾不知誰之子，象帝之先。[4]

📖 譯文

「道」是不可見的，虛而無形，然而它的作用卻是無窮無盡的。

淵是那樣的深啊，它好像是萬物的宗主。

它不露鋒芒，解脫紛擾；

涵蓄光耀，混同塵垢。

它是那樣深沉而無形無象啊，卻又似無而實存。

我不知道它從哪裏產生的，似乎在天帝出現之前就有了它。

📖 評析

在這一章裏，老子運用形容與比喻的手法，對「道」的存在，作了生動有趣的描述，對「道」的內涵和作用，作了言簡意賅的論述，認為「道」是產生天地萬物的根源，否定了上帝創造天地萬物說。在老子生活的春秋時代，現實社會中存在著兩種觀念：一種觀念認為，天是有意志的神（天神、天帝、上帝），它創造並主宰宇宙萬物，這種觀念統治著大多數人的思想；另一種觀念認為，天並非是有意志的神，也不是宇宙萬物的創造者和主宰者，這種觀念只有少數先進人物

---

3 湛：沉，深，形容「道」的隱而無形，而又確實存在。

4 象帝之先：似乎在天帝出現之前就有了「道」。「象」，似。「帝」，天帝，上帝。

才具有。老子在這一章裏，提出無神論的觀點，反映了當時先進人物
的進步思想。

五　章

一 題解

　　這一章包含兩方面的意思，一方面，表現了老子的無神論思想，否定天地的人格化。在老子看來，天地是自然存在，並不具有人類般的愛惡感情，更不是萬物的主宰者，萬物在天地之間依循自然的規律運行發展。另一方面，表現了老子的「無為」的政治思想。老子以天地間萬物自然生長的狀況，企盼理想的統治者「聖人」效法自然「無為」而治，任憑老百姓自作自息，不加干預，使人的個性獲得充分的發展。

　　　天地不仁¹，以萬物為芻狗²。
　　　聖人不仁³，以百姓為芻狗。
　　　天地之間，其猶橐籥乎⁴？

1　天地不仁：天地不是人格神，沒有意志，沒有仁愛之心。
2　芻狗：古代祭祀時用草紮成的狗。
3　聖人不仁：聖人效法天地即自然規律，不存仁愛之心，不干涉百姓自己的事，讓他們自作自息，自由地發展個性。
4　橐：古代風箱。

虛而不屈[5]，動而愈出。

多言數窮[6]，不如守中[7]。

▤ 譯文

天地不存仁愛之心，對待萬物就像芻狗一樣，任憑萬物自生自滅。

「聖人」不存仁愛之心，對待百姓就像芻狗一樣，任憑百姓自作自息。

天地之間，豈不像風箱一樣嗎？

雖空虛卻不會窮竭，越鼓動風越多，生生不息。

政令繁多反而會使人很困惑，更加行不通，不如持守虛靜。

▤ 評析

這一章，老子由論天道而論及人道，由論自然而論及社會，運用哲學思想來闡述政治主張，說明有智慧而又道德高尚的聖人，像天地不存偏愛之心對待萬物那樣，也不存偏愛之心對待老百姓，讓他們順應自然，自作自息。天地之間存在著空虛而實有的「道」，就像風箱裏存在著風一樣，「道」的作用無窮無盡，就像風箱裏的風越鼓動越

5　不屈：不竭，無窮無盡。

6　多言數窮：政令越是繁多，越是行不通，失敗得越快。「言」指政令。「數」，通「速」。

7　守中：即守沖，持守虛靜的意思。

多，使萬物得以繁衍生息，生生不已。統治者政令繁多，干擾老百姓自作自息，會更加行不通，不如持守虛靜，順應自然，無為而治。

六　章

■ 題解

　　這一章的特點是，運用比喻、借代的方法，講述「道」的存在與作用，用「谷」象徵「道」既是空虛的又是實在的；用「神」比喻「道」生萬物，綿延不絕，說明「道」是萬物產生的根源，這根源叫做「玄牝之門」，又叫做「天地根」；「道」的作用無窮無盡，孕育萬物而生生不息。

　　谷神不死[1]，是謂玄牝。[2]
　　玄牝之門，是謂天根。
　　綿綿若存[3]，用之不勤[4]。

1　谷神不死：「谷」，為山谷的谷，即空虛，指「道」而言。「神」，非神靈之謂，而是指神祕不測的變化。「不死」，不停息，永恆存在。
2　玄牝：「牝」，是一種動物的母性生殖器官。「玄牝」，象徵深遠微妙、視之不見的產生萬物的生殖器官，代指「道」為產生天地萬物的本源。
3　綿綿若存：連綿不絕，永恆存在。
4　不勤：不盡不竭，無窮無盡。

譯文

「道」的變化神秘不測，永不停息，是產生天地萬物的本源，這叫做「玄牝」。

「玄牝」之門，就叫做天地的根。

它綿延不絕地永恆存在著，作用無窮無盡。

評析

這一章，論述「道」的空虛幽深，無形無聲而又確實存在，充塞宇宙，因應無窮，孕育萬物，生生不已；「道」永恆存在，永遠運行，作用無窮，是萬物發生發展的源泉，永不枯竭。

七　章

題解

　　這一章，老子借用「天道」觀來論述「人道」，以天地的運作不為自己，來比喻「聖人」的行為沒有貪心私念，表現了他的先人後己的謙退精神。老子認為，「聖人」不從自私考慮，把自身放在眾人的後面，先利眾人而後利己，自然會贏得眾人的擁護，眾人則會樂於把他推為領導；把自身置之度外，順應自然而處世，反而會保全自身。老子的這種先人後己的謙退精神，對人們是很有啟迪意義的。君不見，古往今來，那些身居官位、手握權柄的人，凡事都要佔先，一味地擴展自己的私欲，置人民的利益於不顧，到頭來不都是被人民所拋棄，落得個身敗名裂的下場嗎？

　　天長地久。
　　天地所以能長久者，以其不自生[1]，故能長生[2]。

1　以其不自生：指天地的生存不為自己，依照自然規律而運作。
2　長生：長久生存。

是以聖人後其身而身先[3]；外其身而身存。

非以其無私邪？故能成其私[4]。

🔲 譯文

天長地久。

天地所以能夠長久，是因為它們不為自己而生存，依照自然規律而運作，所以能夠長久生存。

所以「聖人」把自身放在眾人的後面，先利眾人而後利己，反而贏得眾人的擁護，被推為領導。

把自己置之度外，順應自然而處世，生命反而能得保全。

不正是由於他不自私嗎？反而能成就自己所追求的事業。

🔲 評析

在這一章裏，老子用擬人化的手法，讚美天地無私，由論天道而論及人道，讚美「聖人」效法天道，先人後己。在老子看來，「聖人」也並不是無私的，而只是把自己的私利放在眾人的利益之後，這樣反而會贏得眾人的擁戴，獲得個人的利益，成就自己的事業。有學者認為，老子的這種先人後己的思想觀點，表現了他處世為人的智慧，也表現了他的高尚道德，是值得稱讚的。也有學者認為，老子的先人

3　後其身而身先：把自身放在眾人後面，先利眾人而後利己，反而能得到眾人的擁護，被推為領導。

4　成其私：成就自己所追求的事業。

後己，目的是「成其私」，表現了他的詐術，是應當予以批判的。其實，「詐術」之說是不能成立的。世界上的人，根本就不考慮自己私利的人是沒有的，人總是有自己的私利考慮的，問題是如何處理好自己私利與眾人之利的關係，先人後己，在眾人獲得利益的前提下，自己也獲得個人利益，甚至獲得比自己預期更大的利益，這怎能算是「詐術」呢？難道只顧自己私利，置眾人之利於不顧，就是「光明磊落」，值得稱讚嗎？

八　章

■ 題解

　　這一章，老子用水作比喻，論述了他的處世不爭的人生哲學，表現了他所追求的人生應有水那樣的高尚品格。在老子看來，水的品格有三大特點，一是柔，柔可以克剛；二是往低處流，不爭高；三是能滋潤萬物，不爭利。老子認為，最善之人（亦即「聖人」）的品格，像水那樣，不但做有利於眾人的事而不爭，而且還願意去眾人不願去的地方居住。最善之人的言論、行為，都接近於「道」，所以沒有過失。

　　上善若水[1]。

　　水善利萬物而不爭，處眾人之所惡，故幾於道[2]。

　　居善地，心善淵[3]，與善仁[4]，言善信，政善治[5]，

1　上善若水：最善的人，品格如水。「上」，最。
2　幾於道：接近於道。「幾」，接近。
3　淵：深沉，沉靜。
4　與善仁：與善人相交。「仁」與「人」古時通用。「善仁」，亦指品德修養好的人。
5　政善治：為政善於治國，把國家治理得很好。

事善能，動善時[6]。

夫唯不爭，故無尤[7]。

▤ 譯文

最善之人的品格像水一樣。

水善於滋潤萬物而不與萬物相爭，停留在眾人都不喜歡的低窪的地方，所以水最接近於「道」。

最善之人能夠做到：居住安於卑下，存心沉靜而深不可測，與人相交友愛無私，說話真誠守信，為政能把國家治理好，辦事能夠發揮自己所長，行動能夠把握時機。

最善之人的所作所為正因為不爭，所以沒有過失。

▤ 評析

在這一章裏，老子讚美「水善利萬物而不爭」，反映了他所追求的人生應有的高尚品格，既是對自己道德修養的要求，也是對別人道德修養的教誨。老子讚美上善之人（老子理想中的聖人）的品格像水一樣，能夠做到七個方面的善。能夠做到七善而又不爭功，不爭名，不爭利，所以沒有過錯。老子所讚美的這樣的上善之人，在現實社會中是沒有的，而只是理想中的人物。這樣的上善之人，作為人生追求的目標，是富有教育意義的。

6　動善時：行動善於把握時機，事情辦得很成功。

7　尤：過失，過錯，罪過。

九　章

■ 題解

　　這一章，論述為人之道，要取捨有度，進退適時，不要貪求無已，不要居功不退，表現了老子對待世事、對待生活的淡泊態度。老子認為，不論做什麼事，都不可過度，要適可而止。鋒芒畢露，富貴而驕，居功貪位，都是過度的表現，難免災禍。功成身退，是符合「天道」的。

　　持而盈之[1]，不如其已[2]；
　　揣而銳之[3]，不可長保。
　　金玉滿堂，莫之能守。
　　富貴而驕，自遺其咎。

1　持而盈之：執持盈滿，即手裏捧的東西太多。「持」，即手持，手執或手捧的意思。
2　已：止。
3　揣而銳之：把鐵器磨得又尖又利。「揣」，捶擊的意思。

功成身退[4]，天之道也[5]。

▤ 譯文

手捧之物太多，不如適可而止。

尖利鋒芒，容易折斷，因而難保長久。

金玉滿堂，無法守藏！

富貴而驕，自尋禍殃。

功成身退，符合自然的規律。

▤ 評析

在這一章裏，老子論述為人之道，雖然沒有講述什麼深奧的大道理，但卻蘊含著深刻的辯證法思想。老子指出：貪求無已，鋒芒畢露，追求金玉滿堂，富貴而驕，這是許多人都有的程度不同的缺點，這些缺點若不加以克服，任其發展，就會給自身造成禍殃。在老子看來，用淡泊的態度對待生活、對待世事，上述缺點是比較容易克服的。老子告誡說，功成身退，是符合自然規律的。這是老子運用哲學思想指導人生，是富有啟迪意義的。

4　功成身退：功業成就，不再居其位，適時退下。「身退」，並不是引身而去，退隱山林，而是不居功貪位。
5　天之道：指自然規律。

十　章

■ 題解

　　這一章，論述修身治國之道，講了修身、養性、為學、治國諸多方面的問題。在老子看來，人的精神與形體、主觀努力與客觀實際，是不可能完全一致的。因此，人要懂得自然規律，效法自然，加深自身的道德修養，方能愛民治國。

　　載營魄抱一[1]，能無離乎？
　　專氣致柔[2]，能如嬰兒乎？
　　滌除玄鑒[3]，能無疵乎？
　　愛民治國，能無為乎？[4]

1　載：夫，語助詞。營魄：魂魄。抱一：指形體與精神合一。
2　專氣：集氣。「專」，結聚之意。
3　玄鑒：比喻心靈深處明澈如鏡。「玄」形容人心的深邃靈妙。「鑒」，亦作「覽」，古時「鑒」與「覽」通用。
4　愛民治國，能無為乎：按照王安石的注解，「愛民」以不愛愛之為好，「治國」以不治治之為好，「惟其不愛而愛，不治而治」，故曰「無為」。

天門開闔[5]，能為雌乎[6]？

明白四達，能無知乎[7]？

生之畜之[8]，生而不有，為而不恃，長而不宰，

是謂玄德[9]。

譯文

精神與形體合一，能不分離嗎？

結聚精氣以致柔和，能像無欲的嬰兒嗎？

清除雜念而深入觀察心靈，能無瑕疵嗎？

愛民治國，能自然無為嗎？

感官接觸自然界的對立變化，能守靜嗎？

明白四達，能不用心智嗎？

讓萬物生長繁殖，生養萬物而不據為己有，為萬物盡力而不自恃有功，作萬物之長而不宰制它們，這就是最深邃的德。

評析

5　天門開闔：鼻孔呼吸。「天門」，有多種注解，此處以注解「鼻孔」為合理。

6　為雌：守靜的意思。「雌」，母性動物，性安靜，所以「為雌」有守靜的意思。

7　知：心智，心機。

8　畜：養育，繁殖。

9　玄德：深邃靈妙的德性。

在這一章裏，老子論述修身治國之道，提出六種情況，以疑問的形式作出回答，意在強調要從六個方面下功夫：主觀與客觀相統一，性格溫柔而又剛強，消除私心雜念，心懷愛民治國，能夠守靜，善用心智。這六個方面的功夫下得好，修身治國之道就能效法自然之道，無為而治，天下太平。

十一章

■ 題解

　　這一章，論述了「有」與「無」，即實在之物與空虛部分之間的關係。老子以車子、器皿、房屋為例說明，車子是由輻與轂等部件構成的，這些部件是「有」，轂中的空虛部分，是「無」，沒有「無」，車子就無法行駛，當然就不能發揮裝貨載人的作用；用陶土做成器皿，這是「有」；器皿內沒有空虛部分，即沒有「無」，就不能起盛物的作用；房屋如果沒有門窗這些空虛部分的「無」，全都是房頂四壁等實在的「有」，人無法進出，光和空氣也不通，人就不能居住。這裏的「有」是指實有之物，「無」，是指空虛，與第一章所說的「有」與「無」是就「道」而言的根本不同。

　　三十輻共一轂[1]，當其無[2]，有車之用。

1　輻：車輪中連接軸心與輪圈的木條。古代車輪的輻，由三十根木條構成，此數取法於每月三十日的曆數。轂：車輪中心的木製圓圈，中有圓孔，即插軸的地方。
2　無：空虛，指轂的圓孔。

埏埴以為器[3]，當其無，有器之用。

鑿戶牖以為室[4]，當其無，有室之用。

故有之以為利，無之以為用[5]。

譯文

三十根輻彙集到一根轂，有了轂中的孔洞，才有車的作用。

揉合陶土做成器皿，有了器皿內的空虛，才有器皿的作用。

建造房屋開鑿門窗，有了門窗和四壁內的空虛，才有房屋的作用。

所以「有」給人提供便利的條件，「無」卻發揮了作用。

評析

在這一章裏，老子論述「有」與「無」的關係，認為「有」與「無」相互依存，相互為用。在現實生活中，人們往往只注意實在之物「有」的作用，而忽視空虛部分「無」的作用，殊不知沒有空虛部分的「無」，實在之物的「有」就不能發揮作用。老子以車子、器皿、房子為例，說明「有之以為利，無之以為用」，重點是強調「無」的作用，把「有」與「無」對立統一關係中的「無」，看作是主導方面，而把「有」看作是非主導方面，這就不對了。就車子、器皿、房

---

3 埏埴：和土摶泥。即和陶土做成盛物的器皿。

4 戶牖：門窗。

5 有之以為利，無之以為用：「有」給人提供便利條件，「無」是發揮作用。

子三樣東西而言，正是因為有車子、器皿、房子實在之物的「有」，才會有空虛部分的「無」，沒有「有」，就沒有「無」，所以「有」是主導方面，「無」是非主導方面。

十二章

題解

　　這一章，老子論述了欲壑難填的物質文化生活的弊害，提出了「為腹不為目」的主張。為「腹」，即求建立內在清靜恬淡的生活；不為「目」，即不要追求外在貪欲的生活。在老子生活的時代，商品生產有了一定的發展，為少數統治階級人物提供了較好的物質文化生活條件。他們為追求感官的刺激，聲色犬馬，無所不為，淫佚放蕩，心靈不安。在老子看來，這不是正常的生活，正常的生活是，但求內在的清靜恬淡，即為「腹」；不求外在的貪欲，即不為「目」。要而言之，老子主張「為腹不為目」，意在宣導返樸歸真的生活方式。

　　五色令人目盲[1]；
　　五音令人耳聾[2]；
　　五味令人口爽[3]；

1　目盲，眼花繚亂的意思。
2　五音：宮、商、角、徵、羽。這裏指多種多樣的音樂聲。耳聾：意思是聽覺失去靈敏，分不清五音。
3　五味：酸、苦、甘、辛、咸。這裏是指多種多樣的美味。口爽：口病，意思是味覺

馳騁畋獵⁴，令人心發狂⁵；

難得之貨，令人行妨⁶；

是以聖人為腹不為目⁷，故去彼取此⁸。

▤ 譯文

多種多樣的色彩，使人眼花繚亂；

紛紜噪雜的音樂聲，使人聽覺失靈；

豐富美味的食物，使人口舌不知其味；

縱情打獵獲取動物，使人心情放蕩發狂，

稀有的貨物，誘使人行為不軌，發生偷或搶。

因此「聖人」只求吃飽肚子而不貪求聲色之娛，所以摒棄物欲的誘惑而保持淡泊的生活方式。

▤ 評析

在這一章裏，老子論述奢靡生活的危害，顯然是指貴族統治階級

差失。古人「爽傷」常作一詞連用，與今人常用的「爽快」、「清爽」的意思不同。

4　馳騁：縱橫奔走，比喻縱情放蕩。畋獵：打獵獲取動物。

5　心發狂：心旌放蕩而不可遏止。「發」為衍字。

6　行妨：操行受到傷害。「妨」：害，傷。

7　為腹不為目：只求吃飽肚子而過清靜恬淡的生活（為腹），不求縱情於聲色之娛而過放蕩淫佚的生活（不為目）。

8　去彼取此：即棄「為目」而取「為腹」。

而言的，因為在當時的歷史條件下，能夠享受「五色」、「五音」、「五味」、打獵遊戲、珍貴物品的生活，只有貴族統治階級，而決不是普通的勞動者，但貴族統治階級的奢靡生活方式，會敗壞社會風氣，對下層社會產生惡劣的影響，所以老子提倡人們要過恬淡的生活，摒棄外界物欲的誘惑，保持內心的安適清靜，不要失去人的固有天性。老子的這種觀點，是值得人們深思的。在當今物質文明高度發達的西方國家，芸芸眾生的生活只求動物性的滿足和發洩，精神空虛，心靈狂蕩，與老子著作中描寫的情景不是很相似嗎？再說中國，改革開放以來，社會生產力迅速發展，經濟繁榮，人民群眾生活水準顯著提高。在這種情況下，有不少人只追求聲色物欲的滿足，價值觀與道德觀嚴重扭曲，人心發狂的現象相當普遍。讀了這一章，令人感慨不已。

十三章

■ 題解

這一章，老子論述了寵辱對人身的危害，提出了「貴身」、「愛身」的主張。在老子看來，得寵者以得寵為殊榮，為了不致失去殊榮，便在賜寵者面前誠惶誠恐，曲意逢迎，自身的人格尊嚴被損害了；受辱也是損害自身的人格尊嚴，與得寵沒有什麼不同。把寵辱看得比自身生命還重，是最大的禍害。如果一個人不把寵辱當一回事，淡泊名利權位，那麼他在任何人面前都可以傲然而立，保持完整獨立的人格。老子認為，理想的統治者應是「貴身」、「愛身」的人，不胡作妄為。只有珍重自身生命的人，才能珍重天下人的生命，只有愛惜自身生命的人，才能愛惜天下人的生命，也只有這樣的人，才能使人們放心地把天下託付於他，讓他擔當起治理天下的任務。

寵辱若驚[1]，貴大患若身[2]。

何謂寵辱若驚？

---

1 寵辱若驚：得寵和受辱都感到驚恐。
2 貴大患若身：重視大患（寵辱）如同重視自身生命一樣。「貴」，珍貴，重視。

寵為下³，得之若驚，失之若驚，是謂寵辱若驚。

何謂貴大患若身？

吾所以有大患者，為吾有身；及吾無身，吾有何患？⁴

故貴以身為天下，若可寄天下⁵；

愛以身為天下，若可托天下⁶

▤ 譯文

得寵和受辱都感到驚恐，就是把寵辱這樣的大患看得和自身生命一樣珍貴。

什麼叫得寵和受辱都感到驚恐？

寵這種虛榮本來就卑下，得到它就感到驚喜恐慌，失去它就感到驚懼恐慌，這就叫做得寵和受辱都感到驚恐。

什麼叫把大患（寵辱）看得和自身生命一樣珍重？

我之所以有大患（寵辱），由於我有身體，存有寵辱得失之心；如果我沒有身體，不存有寵辱得失之心，我還有什麼禍患呢？

所以能夠以珍重自身生命去珍重天下人生命的人，才可以把天下

---

3 寵為下：得寵是不光榮的、卑下的。「下」，卑下的意思。

4 及吾無身，吾有何患：意思是我身存而不忘身亡，我就沒有禍害。聯繫後文「貴身」、「愛身」來看，這裏的「無身」，並非是棄身或忘身，而是把寵辱得失置之度外。

5 若：作「乃」字解。古聲韻「若」、「乃」相通。

6 若：作「乃」字解。古聲韻「若」、「乃」相通。

寄託給他。

以愛惜自身生命去愛惜天下人生命的人，才可以把天下託付給他。

目 評析

在這一章的一開頭，老子就提出了「寵辱若驚，貴大患若身」的問題，接著解釋什麼叫「寵辱若驚」，什麼叫「貴大患若身」，指出看重寵辱的人，必然損害自己獨立的人格尊嚴，去大患的方法是把寵辱置之度外。也許，在老子生活的時代，人們看重寵辱的不良風氣盛行，他是深有感觸而發表這番意見的。在老子看來，要消除看重寵辱的不良社會風氣，把天下治理好，就需要不以寵辱為念而「貴身」、「愛身」的人來擔當此任。如今的時代，看重寵辱而不能保持自身人格尊嚴者，比比皆是，讀了這一章，將作何感想呢？

十四章

▬ 題解

　　這一章，老子意在論述「道」是抽象之物體之物，而不是具體之物，著重描述了「道」的虛無飄渺，不可感知，看不見，聽不到，摸不著，然而「道」又是確實存在的，是所謂「無狀之狀，無物之象」。而且，這種抽象之物的「道」是有規律地運動變化的，它支配著具體之物的有規律地運動變化。因此，瞭解了「道」的運動變化規律，就能瞭解具體事物的運動變化規律，就能把現實世界的事情辦好。

　　　視之不見，名曰夷[1]；
　　　聽之不聞，名曰希[2]；
　　　搏之不得，名曰微[3]；

1　夷：無色。
2　希：無聲。
3　微：無形。以上「夷」、「希」、「微」三個名詞，都是幽而不顯的意思，它們都被　當作形容詞來用，形容人的感官無法把握「道」。

此三者不可致詰⁴，故混為一⁵。

其上不皦⁶，其下不昧⁷，繩繩兮不可名⁸，復歸於無物⁹。

是謂無狀之狀，無物之象，是謂恍惚¹⁰。

迎之不見其首；隨之不見其後。

執古之道，以御今之有¹¹。

能知古始¹²，是謂道紀¹³。

☰ 譯文

看它看不見，名叫「夷」；

聽它聽不到，名叫「希」；

摸它摸不著，名叫「微」。

這三者無從追究，它實在是一個東西，就是「道」。

它上面並不顯得光明，它下面也不顯得陰暗，渺茫而無法形容，回覆到無形無象的狀態。

4　致詰：究詰，追究，思議。

5　一：指「道」。

6　皦：光明。

7　昧：陰暗。

8　繩繩：渺茫，不清楚。

9　無物：無形狀的物，即指「道」。䨄瑝

10　恍惚：若有若無，閃爍不定。

11　有：指具體事物，與一章的「有」指「道」的含義不同。

12　古始：原始，指宇宙或「道」的初始。

13　道紀：指「道」的規律。

這叫做沒有形狀的形狀，不見物體的形象，這叫做「恍惚」。

迎著它，看不見它的前頭；跟著它看不見它的後面。

把握古來的「道」，以支配當今的具體事物。

能認識宇宙的初始，叫做認識「道」的規律。

目 評析

在這一章裏，老子用視、聽、搏三種方法都不能感知，來反襯「道」的奧秘，深邃微妙，是一種「無狀之狀，無物之象」的實在之物。這種深邃微妙的實在之物，遠在宇宙初始就有了，它有規律地運動變化著，產生天地萬物，生生不已。因此，掌握從古以來的「道」的規律，就能指導當今的行動，把具體的事情辦好。

十五章

題解

　　這一章，老子意在論述抽象的「道」及其運動變化規律，能夠為人掌握和運用，這樣的人就是「古之善為道者」，即得「道」之人。在這裏，老子稱讚得「道」之人的「微妙玄通，深不可識」，精神境界遠遠超出一般人所能理解的水準；描述了他們的容態和心境：謹慎、警惕、嚴肅、灑脫、融和、純樸、曠達、渾厚，表現出深厚的人格修養和高尚的精神風貌，處事為人，不肯自滿，因而能去故更新。

　　古之善為道者[1]，微妙玄通，深不可識。

　　夫唯不可識，故強為之容；

　　豫兮若冬涉川[2]；

　　猶兮若畏四鄰[3]；

　　儼兮其若容[4]；

1　善為道者：得「道」的人。
2　豫：野獸名，性好疑。豫兮，形容遲疑謹慎的樣子。涉川：赤腳過河。
3　猶，野獸名，性警覺。猶兮：形容警覺戒惕的樣子。若畏四鄰：形容不敢妄動。
4　儼兮：形容謹慎莊嚴或恭敬嚴肅的樣子。

渙兮其若淩釋[5]；

敦兮其若樸[6]；

曠兮其若谷[7]；

混兮其若濁[8]；孰能濁以靜之徐清[9]？

孰能安以動之徐生[10]？

保此道者不欲盈[11]。

夫唯不盈，故能蔽而新成[12]。

■ 譯文

古時善於行「道」的人，微妙、深遠而通達，非一般人所能理解。

正因為他不為一般人所能理解，所以只能勉強對他加以描述：

他小心審慎啊，像冬天赤腳過河；

他警覺戒惕啊，像提防四鄰的圍攻；

他恭敬嚴肅啊，像作賓客；

5　渙兮：形容流動的樣子。淩釋：冰融。
6　敦兮：形容敦厚老實的樣子。
7　曠兮：形容胸懷曠達的樣子。
8　混兮：形容渾厚純樸的樣子。
9　濁：混濁，有動的意思。
10　安：靜。
11　不欲盈：不求自滿。
12　蔽而新成：去故更新的意思。「蔽」通「敝」，舊，故。

他行動灑脫啊，像冰柱消融；

他淳厚樸實啊，像未經雕琢的素材；

他曠遠豁達啊，像深山幽谷；

他渾厚純樸啊，像濁水一樣。

誰能使渾濁安靜下來，慢慢澄清？

誰能使安靜變動起來，慢慢顯出生機？

保持這個「道」的人不會自滿。

正因為他不自滿，所以能去故更新。

📋 評析

在這一章裏，老子用「豫兮」、「猶兮」、「儼兮」、「渙兮」、「敦兮」、「曠兮」、「混兮」七種比喻，來形容「古之善為道者」的「微妙玄通，深不可識」，能掌握和運用玄妙精深的「道」的運動變化規律，像「道」那樣「能濁以靜之徐清」，「能安以動之徐生」，把複雜的客觀事物處理得很好，讓事物生氣勃勃地向前發展，保持這個「道」的人，處事為人，不會自滿，能夠去故更新。

十六章

■ 題解

　　這一章，老子論述了事物發展的辯證過程，提出了「致虛」、「守靜」、「歸根」、「覆命」四個問題，闡述人的認識要符合事物發展的辯證過程，充分表達了他的辯證法思想，包含著深刻的哲理。老子主張以虛寂的心靈，靜觀萬物的運動變化。在他看來，萬物的運動變化，是有規律的。人懂得了這個規律，應用於社會生活，就不會「妄作」，就不會有「凶」的結果，所作所為就會符合「天道」，終身不會遭受危害。

　　致虛極，守靜篤[1]。
　　萬物並作[2]，吾以觀復[3]。

1　致虛極，守靜篤：意思是下功夫修養，使心靈極度虛寂，極度寧靜，不受外界物欲的干擾，這樣才能認識「道」。
2　作：生長發育。
3　復：循環往復。

夫物芸芸[4]，各復歸其根[5]。

歸根曰靜[6]，靜曰覆命[7]。

覆命曰常[8]，知常曰明[9]。

不知常，妄作凶[10]。

知常容[11]，容乃公，公乃全[12]，全乃天[13]，天乃道，道乃久，沒身不殆。

▤ 譯文

竭力使心靈虛寂達到極點，切實堅守清靜達到頂點，這樣才能認識「道」。

萬物蓬勃生長，我看出其循環往復的道理。

萬物儘管生長得紛雜茂盛，最後還是各自返回根本（無）。

返回根本，叫做虛靜，虛靜中又將孕育著新的生命。

4　芸芸：紛雜繁茂。

5　根：根本，指「道」，即「無」。老子認為萬物產生於「無」，即產生於「道」。「歸根」，即復歸於「道」，復歸於「無」。

6　靜：虛靜。

7　覆命：重新孕育著新的生命。

8　常：指萬物運動變化的永恆規律。

9　明：明白，懂得。

10　凶：惡，壞。

11　容：寬容，包容。

12　全：周到，周遍。

13　天：指自然。

孕育新的生命是有規律的，認識了規律就叫做「明」。

不認識規律，胡作妄為，就會有凶的結果。

認識常（規律）才能包容一切，包容一切才能坦然大公，坦然大公才能無不周遍，無不周遍才能符合自然，符合自然才符合道，符合道才能長久，終身不會遭受危險。

圖 評析

在這一章裏，老子提出了用「致虛極，守靜篤」的方法認識「道」。這裏的「虛」，是指「道」，「致虛極」，就是努力探求「道」的至理。老子哲學的根本觀點是「道」即「無」，天地萬物都是「有」生於「無」。「靜」，是指人的心靈，人只有用寧靜的心靈，排除外界物欲的干擾，才能認識「道」。老子認為，「歸根」、「覆命」，是天地萬物生生不已，循環往復，無窮無盡的過程。萬物生於「無」，從生到死，復歸於「無」，即「歸根」，也就是復歸於「無」這個根本。復歸於「無」，又孕育新的生命，是謂「覆命」。在老子看來，人們用「致虛極，守靜篤」的方法認識了「道」，就能瞭解天地萬物「有」生於「無」，而又「歸根」、「覆命」的有規律的辯證過程，瞭解了這種辯證規律，應用於社會生活，就不會胡作妄為，就能把事情辦好，終身不會遭受危害。

十七章

■ 題解

　　這一章，老子描繪了一幅理想國的政治藍圖，表達了他的「無為而治」的政治思想。老子把統治者分為四種情況，認為最好的統治者是人民並不知道它的存在；最壞的統治者是人民輕視它；中間二、三種統治者，一種是人民親近並稱讚它；一種是人民畏懼它。老子認為，統治者誠信不足，人民有理由不信任它。老子理想中的政治是，統治者悠閒自在，很少發號施令，事情辦成了，百姓並不歸功於統治者。在這種政治境況中，人民和政府相安無事，統治者和老百姓都過安閒自適的生活。這只能是老子的幻想，是烏托邦式的政治。

　　太上[1]，不知有之[2]；

　　其次，親而譽之；

　　其次，畏之；

　　其次，侮之。

1　太上：至上，最好，指最好的統治者。
2　不知有之：指人民不知道有統治者的存在。

信不足焉，有不信焉。

悠兮[3]，其貴言[4]。

功成事遂，百姓皆謂「我自然」[5]。

■ 譯文

最好的統治者（無為而治），人民並不知道它的存在；

其次的統治者（實行德治），人民親近而讚美它；

更次的統治者（實行暴政），人民畏懼它；

再次的統治者（治國無能），人民輕蔑它。

統治者不值得信任，人民才有不信任感。

最好的統治者是多麼的悠閒啊，它很少發號施令。

辦成功事情符合百姓的心願，百姓都說「我們的事情本來就應該是這樣的」。

■ 評析

在這一章裏，孔子所描繪的政治藍圖，分為四種境況，第一種，統治者實行「無為而治」，最好；第二種，統治者實行「德治」，雖然不錯，但不如第一種好；第三種，統治者實行「暴政」，當然不如

---

3 悠兮：悠閒自在的樣子。
4 貴言：指不輕易發號施令。
5 自然：自己本來就如此。

第二種好，更不如第一種好；第四種，統治者「治國無能」，等而下之。特別值得指出的是，老子認為，統治者誠信不足，人民不信任它是理所當然的。在老子生活的時代，「君權神授」，至高無上，神聖不可侵犯，在這種情況下，老子發表這樣的見解：統治者誠信不足，人民就有理由不信任它，這是一種非常大膽的見解。

十八章

■ 題解

　　這一章，老子描述了當時社會的病態現象，也表現了他的相反相成的辯證法思想。在一般人看來，仁義、智慧、孝慈、忠臣，都是非常好的德行，應該大大提倡。但是老子與一般人不同，他以哲人的眼光，看出了事物的正反兩方面：仁義與大道廢棄；智慧與虛偽；孝慈和家庭糾紛；國家混亂與忠臣等等，都存在著對立統一的關係。在老子看來，大道廢、大偽、六親不和、國家混亂，都是由於君上失德所致。社會對於某種德行的提倡和表彰，正是由於社會特別欠缺這種德行的緣故。

　　大道廢[1]，有仁義；
　　智慧出[2]，有大偽；
　　六親不和[3]，有孝慈；

1　大道：指統治階級為維持社會秩序而制定的政治法律制度。
2　智慧：聰明、智巧。
3　六親：父、子、兄、弟、夫、婦。

國家昏亂，有忠臣。

目 譯文

大「道」廢棄，需要「仁義」的提倡；

聰明智巧出現，奸詐才會盛行；

家庭出現糾紛，才能顯出孝慈；

國家陷於混亂，才能見出忠臣。

目 評析

在這一章裏，老子描述當時的社會病態現象是：「大道廢」，「有大偽」，「六親不和」，「國家昏亂」，指出這些病態現象的出現，根本原因是由於君上失德所致，意在告誡統治者不要失德。

十九章

一 題解

　　這一章，老子提出了改造社會的政治主張，表達了他的社會理想。如果說上一章是對社會病態的描述，那麼這一章就是對社會病態的治療提出處方。前蘇聯學者楊興順認為，老子是人民利益的真誠捍衛者，反對統治階級的一切文化。在老子看來，統治階級的文化是虛偽的，是奴役人民的精神武器，對人民有害而無益，從而提出了一種烏托邦主張——使人民同這種文化隔絕。老子的政治主張雖不可取，但他提出的「見素抱樸，少私寡欲」，恢復人的自然本性的觀點，並非是沒有意義的。

　　值得注意的是，對於本章最後一句「絕學無憂」的解釋，學術界有三種不同意見，一種意見認為，「絕學無憂」是指棄絕學習一切文化學問就沒有憂慮了，這是鼓吹愚民政策。另一種意見認為，「絕學無憂」是指棄絕統治階級奴役人民的文化學問，不受迷惑，就無憂無慮了。還有一種意見認為，「絕學無憂」是指學得絕頂好的文化學問，去偽存真，就不會有憂慮了。這三種意見，讀者可以參考。

絕聖棄智[1]，民利百倍；

絕仁棄義，民復孝慈；

絕巧棄利，盜賊無有。

此三者以為文不足[2]，故令有所屬[3]；

見素抱樸[4]，少私寡欲。絕學無憂[5]。

■ 譯文

拋棄聰明智巧，人民可以得到百倍的利益。

拋棄仁義，人民可以恢復孝慈的本性。

拋棄巧和利，盜賊也就不會有了。

這三者作為治理社會病態的法則是不夠的，所以要使人們的思想認識有所從屬。

保持純樸的本性，減少私心雜念。

拋棄統治階級奴役人民的文化學問，才能免於憂患。

■ 評析

在這一章裏，老子對治療社會病態提出處方，表現了老子的政

---

1 絕聖棄智：拋棄聰明智巧。「聖」，這裏不作聖賢解，而作聰明解。
2 文：條文，法則。
3 屬：歸屬，適從。
4 見素抱樸：意思是保持自然本性。「素」，沒有染色的絲；樸：沒有雕鑿的木。
5 學：文化學問。此處是指統治階級奴役人民的文化學問。

治主張與哲學思想是有密切聯繫的。老子哲學思想的根本觀點是「道」，「道」的運動變化是有規律的，是順乎自然的。老子的「處方」即政治主張是：「絕聖棄智」、「絕仁棄義」、「絕巧棄利」，這三者作為治療社會病態的法則是不夠的，所以要使人們的思想認識有所從屬。從屬什麼？就是從屬「道」，讓人們「見素抱樸，少私寡欲」，恢復人的自然本性，不受統治階級虛偽文化的迷惑，自然就會無憂無慮了。

二十章

📖 題解

這一章，老子將世俗之人的心態與自己的心態作了對比描述。老子認為，是非、善惡、美醜的種種差異，是自古以來就有的，並將永遠存在下去，它們的價值判斷，是相對形成的，隨著時代的不同而變化，隨著環境的變異而更改。在老子看來，世俗之人對是非、善惡、美醜的判斷，並沒有什麼嚴格的標準，甚至是混淆的，任意而行，表現出追逐物欲的貪婪之態。而老子則不同，從表面上看，他顯得心愚、糊塗、沒有本領，其實並非如此，而是純樸自然的本性。世俗之人熙熙攘攘，縱情於聲色貨利，而他則甘守淡泊，澹然無係，但求精神的昇華。他之所以與世俗人不同，在於他得到了「道」。

唯之與阿[1]，相去幾何？
善之與惡[2]，相去若何？

---

1 唯：應諾。恭敬答應的聲音。阿：呵斥的聲音。唯的聲音低，阿的聲音高，是古代區別尊貴與卑賤的用語。
2 善：亦作美。如作美，則惡作醜解。

人之所畏³，不可不畏，

荒兮⁴，其未央哉⁵！

眾人熙熙⁶，如享太牢⁷，如春登臺⁸。

我獨泊兮⁹，其未兆¹⁰；

沌沌兮¹¹，如嬰兒之未孩¹²；

儽儽兮¹³，若無所歸。

眾人皆有餘¹⁴，而我獨若遺¹⁵。

我愚人之心也哉¹⁶！

俗人昭昭¹⁷，我獨昏昏¹⁸。

3　畏：懼，怕。
4　荒兮：廣漠，遼遠的樣子。
5　未央：未完，未盡。
6　熙熙：縱情奔欲，興高彩烈的樣子。
7　享太牢：享用太牢，意思是參加豐盛的筵席。古代帝王祭祀社稷時隆重豐盛的筵席具有牛、羊、豕。「太牢」，指把牛、羊、豕事先放在牢裏養著，所以用「太牢」指牛、羊、豕。
8　如春登臺：好像春天登臺眺望美景一樣。
9　泊：淡泊，恬靜。
10　未兆：沒有跡象，形容無動於衷，不炫耀自己。「兆」，徵兆，跡象。
11　沌：混沌，不清楚。
12　孩：即咳，嬰兒的笑聲。
13　儽儽兮：疲倦閒散的樣子。「儽儽」通「累」。
14　有餘：有豐富的財貨。
15　遺：不足。
16　愚人：淳樸、真摯的人。
17　昭昭：光耀自炫的樣子。
18　昏昏：暗昧的樣子。

俗人察察[19]，我獨悶悶[20]。

澹兮[21]，其若海；飂兮[22]，若無止。

眾人皆有以[23]，而我獨頑且鄙[24]。

我獨異於人，而貴食母[25]。

■ 譯文

應諾與呵斥，相差有好多？

善良和罪惡，又相差多少？

人們所懼怕的，不能不懼怕。

這風氣從遠古以來就如此啊，好像沒有停息的樣子。

眾人那興高采烈的樣子，好像參加盛大的筵席，又好像春天登臺眺望美景。

我卻獨自淡泊寧靜，無動於衷。混混沌沌啊，好像嬰兒一樣不會發出嘻笑聲。

---

19 察察：嚴厲苛刻的樣子。
20 悶悶：淳厚、寬宏、純樸、誠實的樣子。
21 澹兮：遼遠的樣子。
22 飂：急風。
23 有以：有用，有為，有本領。「以」：用，為。
24 頑且鄙：形容愚陋，笨拙。
25 貴食母：以守「道」為貴。「母」，喻「道」。老子認為「道」是天地萬物長生之「母」。「食母」，即「食於道」，或由「道」所養育。

疲倦閒散啊，竟好像無所歸宿。

眾人都有東西多餘，而獨有我什麼也不足。

我真是愚人的心腸啊！

世人都那麼光耀自炫，唯獨我這麼昏昏昧昧。

世人都那麼嚴厲苛刻，唯獨我這麼淳厚寬宏。

遼闊啊，像無邊的大海；疾吹的長風啊，好像沒有停息的樣子。

眾人都有一套本領，唯獨我笨拙無能。

我唯獨與世人不同的，關鍵在於我以守「道」為貴。

評析

　　在這一章裏，老子將世俗之人的心態與自己的心態作了對比描述，雖然說了一些牢騷話，使人有憤世嫉俗之感，但其中卻含有深刻的哲理。世俗之人以財富、權力、地位為貴，有了這些就自我炫耀，熙熙攘攘，縱情肆欲，處世為人，嚴厲苛刻，性格扭曲，失去人的自然本性。老子作為一個思想家，則以守「道」為貴，「見素抱樸，去私寡欲」，保持人的自然本性，不為外界的財富、權力、地位所誘惑，處世為人，甘居清貧，淡泊恬靜，淳厚寬宏。凡此種種說明，在價值觀上，在生活態度上，世俗之人是不可取的，而老子則是可取的。這就是本章的思想內容，至今仍有積極意義之所在。

二十一章

■ 題解

　　這一章，老子提出了「德」的內容是由「道」決定的，「道」的屬性表現為德的觀點。老子認為，「道」是物質性的東西，「道」與「德」的關係，就是物質與物質屬性的關係。「道」產生萬物，而且內在於萬物，顯現於萬物的功能，在萬物中表現出屬性，也就是表現出「德」。在這一章裏，老子集中地描述了「道」的一些特點。「道」雖然看不見，無形無象，但確實存在，萬物都是由它產生的。「象」、「物」、「精」的存在，說明「道」的存在的真實性。

　　　　孔德之容[1]，惟道是從。
　　　　道之為物，惟恍惟惚[2]。
　　　　惚兮恍兮，其中有象[3]；
　　　　恍兮惚兮，其中有物；

1　孔德：大德。「道」的顯現和作用為「德」。
2　恍：不清楚。惚：不清楚。
3　象：形象。

窈兮冥兮[4]，其中有精[5]；

其精甚真[6]，其中有信[7]。

自今及古[8]，其名不去，以閱眾甫[9]。

吾何以知眾甫之狀哉？以此。[10]

▤ 譯文

大「德」的內容，是由「道」所決定的。

「道」這種東西，沒有清楚的固定實體。

它是那樣的惚恍啊，其中卻有形象。

它是那樣的恍惚啊，其中卻有實物。

它是那樣的深遠暗昧啊，其中卻有精質。

這精質最為真實，這真實是可以信驗的。

從今上溯到遠古，它的名字永遠不能除去，依據它才能觀察萬物的初始。

我怎麼知道萬物初始的情況呢？是從「道」認識的。

4　窈：深遠，微不可見。冥：暗昧，深不可測。

5　精：最微小的原質，極細微的物質性的實體。

6　甚真：最真實。

7　信：信驗，真實可信。

8　自今及古：亦作「自古及今」。

9　眾甫：眾父。「甫」與「父」通，引申為始。

10　此：指「道」。

評析

　　在這一章裏，老子首先提出了「德」由「道」所決定，明確地指出「道」是一種物質，它是恍惚之中的「象」，恍惚之中的「物」，窈冥之中的「精」，並且強調「精」是真實可信的。「道」是從古至今就存在，它的名字永遠不能除去。正是由於「道」的存在，人們才能觀察瞭解萬物的初始。學術界歷來有兩種意見：一種意見認為「道」是一種物質性的東西，老子的哲學思想屬於唯物主義範疇；另一種意見認為「道」是一種精神實體，老子的哲學思想屬於唯心主義範疇。從這一章的論述來看，對老子的「道」只能得出這樣的結論：它是一種物質性的東西，而決不是一種精神實體。

二十二章

■ 題解

　　這一章，老子論述了事物由正面向反面轉化的辯證法，簡要說明，在「曲」裏存在著「全」的道理，在「枉」裏存在著「直」的道理，在「窪」裏存在著「盈」的道理，在「敝」裏存在著新的道理，「多」與「少」可以互相轉化的道理，如果能把握其中的奧秘，辦事就容易取得成功。在這一章裏，老子一開頭就用了六句古代成語，講述事物由正面向反面變化所包含的辯證法思想，他把這種辯證法思想作為觀察和處理社會生活的原則，得出的結論是「不爭」。老子的辯證法是不徹底的，他只講「不爭」，卻不講「爭」，不懂得「爭」與「不爭」也是正面與反面的關係，也含有辯證法思想。其實世界上有些事「不爭」可以取得成功；有些事非「爭」則不能成功。

　　曲則全，枉則直[1]，窪則盈，敝則新，少則得，多則惑。
　　是以聖人抱一為天下式[2]；

1　枉：屈，彎曲。
2　抱：守。一：指前面六句話所包含的一番道理或原則。式：法式，範式。

不自見[3]，故明[4]；

不自是，故彰；

不自伐[5]，故有功；

不自矜，故長。

夫唯不爭，故天下莫能與之爭。

古之所謂「曲則全」者，豈虛言哉？誠全而歸之。

■ 譯文

委曲反能保全，屈枉反能伸直，低窪反能充盈，敝舊反能生新，少取反能多得，貪多反會迷惑。

所以「聖人」堅守這一原則作為天下事理的範式。

不自我顯揚，反能彰明；

不自以為是，反能是非昭彰；

不自我誇耀，反能見功；

不自高自大，反能顯出長處。

（以上都是不爭的表現）

正因為不爭，所以天下沒有人與他爭。

---

3 見：同「現」。「自見」，自顯於眾。

4 明：彰明。

5 伐：誇，誇耀。

古時所謂「委曲反能保全」的那些話，怎麼會是空話呢？它們實在是完全能夠達到的。

📑 評析

這一章，論述事物由正面向反面轉化的辯證法，表現了老子作為思想家的深邃智慧和銳利眼光。普通人的眼光，往往只看到事物的一面，看不到事物的另一面，不懂得事物的有正反兩面，不懂得事物由正面向反面轉化的辯證法，因而想問題，辦事情，帶有很大的片面性和盲目性。老子用正話反說的方式講述自己的見解：「不自見，故明；不自是，故彰；不自伐，故有功；不自矜，故長」，意在說明這是人們應當瞭解的辯證法，瞭解了這種辯證法，想問題，辦事情，就可以避免片面性和盲目性了。老子得出的結論「不爭」，雖有缺點，但也不失有積極的意義。

二十三章

■ 題解

　　這一章，老子一開始就提出「希言自然」的政治見解，意思是說，統治者要依循自然法則治理政事，順從民意，不可胡作妄為，胡作妄為必然短命而亡。緊接著，老子用自然界狂風暴雨必不持久的事實作比喻，告誡統治者少以強制性的政策法令對百姓橫加干涉，更不要施行暴政，而要行「清靜無為」（即「少言」）之政，以不苛虐百姓為原則，讓百姓安寧暢適，這才合乎自然。統治者如果肆虐橫行，人民就會以背戾抗拒的行為相對待；統治者如果誠信不足，人民就會以不信任的態度相待。歷史的經驗教訓證明，統治者失去人民的信任，統治是不會長久的。

　　希言自然[1]。
　　故飄風不終朝[2]，驟雨不終日[3]。

1　希言：少說話。這裏指統治者少施政令，不擾民的意思。「希」，少。
2　飄風：強風，大風。「飄」，狂疾。
3　驟雨：急雨、暴雨。「驟」，急暴。

孰為此者？天地。

天地尚不能久，而況於人乎？

故從事於道者同於道[4]，德者同於德，失者同於失[5]。

同於道者，道亦樂得之；

同於德者，德亦樂得之；

同於失者，失亦樂得之。

信不足焉，有不信焉！

▤ 譯文

少施政令順民意是合乎自然的。

所以狂風刮不到整個早晨，暴雨下不了一整天。

誰使它這樣的呢？是天地。

天地的狂暴尚且不能長久，何況人呢？

所以統治者從事於「道」的就同於「道」；從事於「德」的就同於「德」，失「道」失「德」的也就同於失「政」。

同於「道」的人，「道」也樂於得到他；

同於「德」的人，「德」也樂於得到他；

同於失「道」失「德」的人，失「道」失「德」的後果失政也樂

---

4 從事於道者：按「道」辦事的人，這裏指統治者按「道」施政。
5 失：指失「道」、失「德」。

於得到他。

　　統治者們誠信不足，百姓自然不信任他們。

📑 評析

　　在這一章裏，老子所提出的政治見解，雖然不是替百姓著想，為百姓說話；而是替統治者著想，勸告統治者不要施行暴政，不要胡作妄為，否則會短命而亡。老子以自然界的風雨作比喻，說明天地作威，刮狂風，下暴雨，也只是瞬間即逝，不能長久，何況人間的暴政呢？但老子勸告統治者的這些話，在客觀上反映了當時人們的思想願望，對百姓是有好處的。老子勸告說，統治者按「道」的法則施政，無為而治，「道」所表現出來的「德」，在社會生活中發揮作用，百姓的日子就好過了。統治者如果失「失」道，失「德」，就必然失政，就必然會遭到百姓的反抗。人民不信任統治者，統治者的統治還能長久嗎？

二十四章

■ 題解

　　這一章,老子意在論述政治舉措的得失,告誡統治者不要違反自然規律,盲目蠻幹,好大喜功,胡作妄為,急於求成,沒有不失敗的。老子用「企者不立,跨者不行」作比喻,說明「自見」、「自是」、「自矜」的後果是不好的,急躁冒進,自我炫耀,反而達不到目的。這裏也喻示:統治者急功近利,自我炫耀的政舉,不會有好結果,終將被人們所共棄。

　　企者不立[1],跨者不行[2]。
　　自見者不明;
　　自是者不彰;
　　自伐者無功;
　　自矜者不長。

1　企:同「跂」,意思是舉起腳跟,腳尖著地。
2　跨:躍,越,大步行走。

其在道也，曰餘食贅形[3]。

物或惡之，故有道者不處。

譯文

踮起腳跟想要站得高，反而站立不住；躍起大步想要快走，反而行走不快。

自我顯揚的反而不能彰明；

自以為是的反而不能昭彰；

自我誇耀的反而不能見功；

自高自大的反而不能作眾人之長。

從「道」的意義上說，以上這些急躁炫耀的行為，只能說是剩飯贅瘤。

因為它們是令人討厭的東西，所以有「道」的人是不會這樣做的。

評析

在這一章裏，老子論述政治舉措的得失，告誡統治者，好大喜功，急功近利，不可能達到自己的目的，含有深刻的辯證法思想。這一章的思想內容，基本上與第二十二章相同，所不同的是，前者的

3　贅行：多餘的形體，即因過量食物而使身上長出多餘的肉塊。

出發點是「聖人抱一為天下式」，結論是「不爭」；後者的出發點是「企者不立，跨者不行」，結論是「有道者不處」。對於「自見」、「自是」、「自伐」、「自矜」的不良後果，前者是正話反說，後者是正話正說。老子一再說這番話，也許是有感而發。老子生活的春秋時代，正當諸侯爭霸之際，各國諸侯，為了爭霸，政治舉措都是好大喜功，急功近利，各國統治者普遍「自見」、「自是」、「自伐」、「自矜」。歷史證明，統治者好大喜功，急功近利，盲目冒進，胡作妄為，聽不得不同意見，自我顯揚，自以為是，自我誇耀，自高自大，禍國殃民，必定留下千古罵名。

二十五章

一 題解

　　這一章，老子描述了「道」的存在和運行，意在說明「道」是獨立的、客觀的、永恆的、變化不息的物質實體。這是老子哲學中很重要的一章。「道」無聲無形，先天地而存在，迴圈運行不息，是產生天地萬物之「母」。人為萬物之靈。「道」、天、地、人，成為宇宙中四個偉大的存在。人被提高為宇宙中四個偉大存在之一，唯獨沒有「神」的存在。老子哲學產生於二千多年前，「神」在老子哲學中沒有地位，表明老子哲學的可貴。

　　有物混成¹，先天地生。
　　寂兮寥兮²，獨立而不改³，周行而不殆⁴，可以為天地母⁵。

1　物：指「道」。混成：混然而成，指混沌狀態。
2　寂兮寥兮：沒有聲音，沒有形體。
3　獨立而不改：形容「道」的存在不靠任何外力、不改變本性、具有絕對性永恆性的物質實體。
4　周行：迴圈運行。「殆」，通「怠」，息的意思。
5　母：指「道」，天地萬物由「道」而產生，故稱「母」。

吾不知其名，強字之曰道[6]，強為之名曰大[7]。

大曰逝[8]，逝曰遠，遠曰反[9]。

故道大，天大，地大，人亦大[10]。域中有四大[11]，而人居其一焉。

人法地，地法天，天法道，道法自然[12]。

☰ 譯文

有一個東西混然而成，在天地產生之先就存在。

無聲而又無形啊，它不靠任何外力而永久存在，迴圈運行而不停息，可以算做天地萬物之根本（母）。

我不知道它的名字，勉強給它起個名字叫做「道」，再勉強給它起個名稱叫做「大」。

它廣大無邊而運行不息，運行不息而伸向遙遠，伸向遙遠而又返回本原。

所以說「道」大，天大，地大，人也大。宇宙中有四大，而人是四大之一。

6　強：勉強。

7　大：形容「道」無邊無際，力量無窮。

8　逝：指「道」的運行永不停息。

9　反：返回本原。「反」，亦作「返」。

10　人亦大：中國古語，人為萬物之靈，與天地並立而為三才，所以天大，地大，人亦大。

11　域中：宇宙之中，包括天地在內的空間。

12　道法自然：「道」本身的法則是自然的。

人取法地，地取法天，天取法「道」，「道」的法則是自然的。

目 評析

　　在這一章裏，老子論述「道」是一種混然而成的物質，在天地產生之前就存在，它無聲無形，不依靠任何外力而獨立，從不改變固有的規律，迴圈往復，永不停息地運動變化著，產生天地萬物，是天地之「母」，萬物之源。在這裏，老子把天地也看成是物質，是一種很了不起的見解。在先秦時代，統治人們思想的傳統觀念是，天是有意志的神，是宇宙萬物的創造者和主宰者。天是神，地是祇，也是神。老子把天與地都看成是物質，就從根本上否定了「神」的存在，這是當時人類思想的一大進步。老子還把人與「道」、天、地並列為宇宙之中的四大，將人從受天主宰的束縛中解脫出來，極大地提高了人在宇宙之中的地位，這種見解也是前無古人的。

二十六章

題解

　　這一章，老子論述了輕與重、動與靜的矛盾關係，認為重與靜是矛盾的主要方面；輕與動是矛盾的次要方面，把矛盾的主、次方面顛倒了。這是老子辯證法不徹底的表現。老子只看到，重能御輕，靜能制動，這是物理，但不符合辯證法的哲學原理。老子不懂得，動與靜的矛盾動是絕對的，起決定作用的，是矛盾的主要方面；而靜則是相對的，不起決定作用的，是矛盾的次要方面。因此，老子的辯證法思想是有局限性的。不過，老子的辯證法思想是為他的政治觀點服務的。他有感於當時的統治者奢恣輕淫，縱慾自殘，所以沉痛地感歎說：「奈何萬乘之主，而以身輕天下？」在他看來，一國的統治者，應當靜重，而不應當輕浮躁動。老子的辯證法是不徹底的，但他的政治觀點是有積極意義的。

　　重為輕根，靜為躁君[1]。

1　躁：動。君：主宰。

是以君子終日行不離輜重²，雖有榮觀³，燕處超然⁴。

奈何萬乘之主⁵，而以身輕天下⁶？

輕則失根⁷，躁則失君。

■ 譯文

重是輕的根本，靜是動的主宰。

因此君子終日行走離不開載重的車輛，雖享有豪華的生活，卻不沉溺於豪華的生活享受。

為什麼擁有萬輛兵車的大國君主，還要輕舉妄動而不惜喪失天下呢？

輕舉必然失去根本，妄動必然失去主宰。

■ 評析

在這一章裏，老子論述輕與重、動與靜的矛盾關係，顛倒了矛盾的主導方面與非主導方面的關係，反映了他的樸素的辯證法思想，是不徹底的辯證法思想。老子和歷史上任何一個思想家一樣，生活在現

---

2 輜重：行軍時載運器械、糧食的車子。

3 榮觀：貴族遊玩享樂的地方，亦指豪華的生活。

4 燕處：安居之地，安然處之，指貴族豪華的生活享受。超然：超脫，不陷在裏面。

5 萬乘之主：大國君主。古時打仗，用車載士兵進行。一輛兵車叫一乘，擁有萬乘兵車的，就是大國。

6 以身輕天下：以身輕動而不惜喪失天下。

7 輕則失根：與首句「重為輕根」相應。

實社會中，對政治不可能不關心，總是冀圖以自己的哲學思想為政治服務。老子的辯證法思想雖有缺點，但他的政治觀點是有積極意義的。可笑而又可鄙的是，歷史上有的統治者對辯證法並不精通，卻儼然以精通辯證法自居，一味強調矛盾的鬥爭性，忽視矛盾的統一性，濫用自己手中掌握的權力，今天鬥這批人，明天鬥那批人，後天又鬥另一批人，把國家推向災難的邊緣，使人民群眾遭受極大的禍殃，這樣的統治者必將被釘在歷史的恥辱柱上，遺臭萬年。

二十七章

■ 題解

　　這一章講述的內容，表達了老子「自然無為」的思想，意在告誡統治者，順應自然，無為而治，人無棄人，物無棄物，天下的善人不善人，善物不善物，都是有用處的。老子用「善行」、「善言」、「善數」、「善閉」、「善結」作比喻，說明人的言論行為，只要符合自然不用費多大力氣，就會取得很好的效果，並且無懈可擊。「聖人」懂得這番道理，因而善於待人接物，憑著自己的聰明智慧，做到人盡其才，「無棄人」；物盡其用，「無棄物」。如果，善人和惡人的關係處理不好，雖自以為明智，其實是大糊塗。

　　善行，無轍跡[1]；
　　善言，無瑕謫[2]；
　　善數[3]，不用籌策[4]；

1　轍跡：軌跡，行車時車輪留下的痕跡。
2　瑕謫：過失，缺點，毛病。
3　數：計算。
4　籌策：古代人們所用的竹製籌碼。

善閉，無關楗而不可開[5]；

善結，無繩約而不可解[6]。

是以善人常善救人，故無棄人；

常善救物，故無棄物。

是謂襲明[7]。

故善人者，不善人之師；

不善人者，善人之資[8]。

不貴其師，不愛其資，雖智大迷。

是謂要妙[9]。

■ 譯文

善於走路，不留痕跡；

善於說話，無可指謫；

善於計算，不用籌碼；

善於關閉，不用栓梢卻使人不能開；

善於捆縛，不用繩索卻使人不能解。

所以「聖人」總是善於挽救人，因此沒有被遺棄的人；

5　關楗：栓梢。古代門的關楗是木製的，橫的叫關（栓），豎的叫楗（梢）。
6　繩約：用繩索捆物。用「繩」捆物叫「約」。
7　襲：覆蓋，掩藏，含藏。「襲明」，內藏明智或蘊藏聰明。
8　資：借鑒的意思。
9　要妙：精要玄妙，深遠奧妙。古時「要」與「幽」通用。

總是善於拯救物，因此沒有被廢棄的物。

這就叫做內藏著的聰明智慧。

所以善人是惡人的老師；

惡人也是善人的借鑒。

不尊重他的老師，不愛惜他的借鑒，雖自以為明智，其實是大糊塗。這就叫做精深奧妙。

📋 評析

在這一章裏，老子論述了「善」的重要作用，是對「無為而治」思想的引申。老子從「善行」、「善言」、「善數」、「善閉」、「善結」五個方面，強調「善」的妙用，結論是「聖人常善救人，故無棄人；常善救物，故無棄物。」從總體上看，老子的用心是好的，有很大的積極意義，但其觀點也有片面性，因為在金錢、地位、權力對人的誘惑力消失之前，總有一些不善之人無可挽救，他們胡作非為，罪大惡極，被法律判處死刑或無期徒刑，成為「棄人」。至於「棄物」，在科學技術不發達的古代，根本做不到充分利用廢物而「無棄物」，即使在科學技術高度發達的今天，也做不到可以利用一切廢物而完全「無棄物」。再說，不善之人不以善人為師，是常有的；而善人以不善之人為借鑒，則是較為容易做到的。

二十八章

■ 題解

　　這一章，重點講述了「返樸歸真」的問題，深刻地反映了老子的人生觀和政治思想。老子是明確反對儒家仁、義、禮、智、信的倫理學說的，反對用這些道德說教規範約束人、塑造人，反對用這些道德說教扭曲人的本性，主張讓人返回到自然純樸狀態，恢複本性。在這一章裏，老子提出了「知雄、守雌」的原則，用以對待社會生活，進行政治活動。老子生活的春秋時代，社會政治風氣很不好，社會混亂，政治動盪，你爭我奪，紛紜擾攘。他是鑒於這種情況，才提出上述處世原則的。在他看來，只要人們都這樣做，就可以返樸歸真，實現天下大治。有人研究這一章，只注意「守其雌」，而不注意「知其雄」，就認為老子提出的處世原則是柔弱、退守的，似乎不妥。既「知其雄」，就可以「制其雄」，不是嗎？

知其雄[1]，守其雌[2]，為天下溪[3]。

為天下溪，常德不離，復歸於嬰兒。

知其白，守其黑，為天下式[4]。

為天下式，常德不忒[5]，復歸於無極[6]。

知其榮，守其辱，為天下谷[7]。

為天下谷，常德乃足，復歸於樸[8]。

樸散則為器[9]，聖人用之，則為官長[10]，故大制不割[11]。

📖 譯文

深知什麼是雄強，卻安於雌柔的地位，甘願作天下的溝溪。

甘作天下的溝溪，永恆的「德」就不會離去，回覆到單純狀態像個嬰兒。

深知什麼是明亮，卻安於暗昧的地位，甘願作天下的模式。

甘願作天下的模式，與永恆的「德」不會失差，回覆到最終的真

---

1 雄：比喻剛強躁動。
2 雌：比喻柔情謙下。
3 溪：溝溪，溪澗。
4 式：模式，楷式。
5 忒：差錯，差失。
6 無極：意思是最終的真理。
7 谷：兩山之間的低窪處。
8 樸：素材，即未經雕鑿的木材，這裏是指純真樸素狀態。
9 器：物，器皿。
10 官：管理，管理者。長：領導，領導者。
11 制：製作器物。割：割裂。這裏比喻為勉強的意思。

理。

深知什麼是榮耀，卻安於卑弱的地位，甘願作天下的川谷。

甘願作天下的川谷，永恆的「德」才得以充足，回覆到純真素樸狀態。

素材經人工雕鑿而成為器物，「聖人」使人將素材雕鑿成器物，就成為管理者和領導者。因此就會完美地製作器物，因素材的自然而不勉強。

目 評析

在這一章裏，老子論述「返樸歸真」的問題，提出「知其雄，守其雌」的原則，認為這一原則既可以用於修身處世，也可以用於為政治國，不論是普通百姓，還是執政的統治者，都要順應自然，無為而治，保持人的固有本性，做到人與自然的和諧，天下就太平了。應當說，這是老子的美好的社會政治理想，在當時的歷史條件下，是不可能實現的。如今，提倡人的生活返樸歸真，人與自然和諧，在世界上已經成為一種潮流，這當然不是為了實現老子的理想，而是社會歷史發展的要求，但老子的學說在當今世界特別是西方世界越來越受到人們的歡迎，就可以看出他的理想是有價值的了。

二十九章

■ 題解

　　這一章，論述的是為政之道，表現了老子的「無為」的政治思想。與「無為」相對立的，是「有為」。歷代統治者都是實行「有為」之政的，把天下據為己有，為了一己的私利，以自己的主觀意志，去做違背客觀規律的事，強制人民服從他們的統治。老子警告說，這樣的「有為」，必然遭致失敗，必然被人民所拋棄。老子所說的「無為」，並不是無所作為，對於客觀世界無能為力。老子認為，天下人秉性各異，為政者要允許人們差異性和特殊性的存在和發展，不可採取違反人秉性的強制措施。若以強力作為或施行暴政，必將自取滅亡。在老子看來，理想的統治者（聖人）為政，就在於順應自然，因勢利導，捨棄一切過度的措施，去除一切酷烈的政舉，凡是奢費的行徑，都一概要不得。

　　將欲取天下而為之[1]，吾見其不得已[2]。

1　取：為，治，治理。
2　不得已：得不到，達不到。「已」，語助詞。

天下神器[3]，不可為也，不可執也[4]。

為者敗之，執者失之。

是以聖人無為[5]，故無敗，故無失。

夫物或行或隨[6]，或歔或吹[7]；

或強或羸[8]，或載或隳[9]。

是以聖人去甚，去奢，去泰[10]。

▇ 譯文

想要治理天下卻用強製辦法去做，我看他是不可能達到目的的啊。

天下神聖的人民，是不可以違反他們的本性而用強製辦法統治的，也是不可以違反他們的本性而用強製辦法掌握的。

用強製辦法統治一定會失敗，用強製辦法掌握必然會被拋棄。

因此「聖人」不妄為，所以不會失敗；不妄執，所以不會被拋棄。

---

3 天下神器：天下神聖的東西。「天下」，指天下人。
4 執：執掌，掌握。
5 無為：無違而為，即治理天下而不違反人民的自然本性。
6 夫物：指一切事物，此處是指人。夫，凡。
7 歔：同「噓」，輕吐氣，緩吐氣。吹：急吐氣。
8 羸：瘦弱，虛弱。
9 載：安穩。隳：危險。
10 泰：太，過度。

世人秉性不同，有前行有後隨，有輕噓有急吹，有強壯有瘦弱，有安定有危險。

因此「聖人」為政必然會去除那些極端的、奢侈的、過度的措施。

目 評析

在這一章裏，老子運用哲學思想論述為政之道。老子認為，為政者如果違背自然規律，違反人民的自然本性，憑自己的主觀意志強作妄為，迫使人民接受自己的統治，結果是必然失敗。他希望為政者要像「聖人」那樣，遵循自然規律，順應人民的自然本性，實行「無為而治」，任何政治舉措，都不要走極端，不要存奢望，不要好大喜功，這樣才能把國家治理好，實現國泰民安。

三十章

■ 題解

　　這一章，論述的是軍事理論與戰爭指導原則，具有深刻的哲理性和軍事辯證法色彩，表現了老子的反戰思想。老子生活在春秋末期，當時社會動盪不安，大小戰爭此伏彼起，給國家帶來破壞，給人民造成災難。因此，老子認為戰爭是人類最愚昧、最殘酷的行為，故而反對戰爭，這是符合人民的願望和利益的。但老子不懂得，在有階級對立和國家存在的歷史條件下，戰爭是難以避免的。戰爭，有進步與反動之分，有正義與非正義之別，不可以一概反對。不過，在老子看來，統治者為了私欲私利而發動戰爭，給社會造成災難，破壞人民寧靜的生活，必定導致國滅身亡的後果。這種觀點是不錯的，是有積極意義的。

　　以道佐人主者，不以兵強天下。

　　其事好還[1]。

　　師之所處，荊棘生焉。

1　還：還報、報應。

大軍之後，必有凶年[2]。

善有果而已[3]，不敢以取強[4]。

果而勿矜，果而勿伐，果而勿驕，果而不得已，果而勿強。

物壯則老[5]，是謂不道[6]，不道早已[7]。

■ 譯文

用「道」輔助君主的人，不靠兵力逞強於天下。

以兵力逞強的事是會有報應的。

軍隊打過仗的地方，荊棘就長滿了。

大戰之後，必然會出現荒年。

善用兵的人只求達到目的就可以了，並不敢用兵力來逞強好勝。

達到目的了就不要自高自大，達到目的了就不要誇耀，達到目的了就不要驕傲，達到目的了就要認為這是出於不得已，達到目的了就不要逞強好勝。

兵力過於強盛就會走向衰敗，這就叫做兵事不合於「道」，不合於「道」很快就會滅亡。

2 凶年：荒年，災年。
3 果：成功，達到目的。
4 取強：逞強，好勝。
5 物：指兵力。老：衰敗。
6 不道：不合於「道」。
7 早已：早死，快亡。

▤ 評析

　　在這一章裏，老子論述戰爭問題，雖含有軍事辯證法色彩，但他是從哲學的角度論戰爭的，而不是從軍事學的角度論戰爭的。有些學者認為《道德經》是一部兵書，論據是很不充分的。正如有的學者所言，《道德經》全書八十一章，直接論戰爭的只有三十章、三十一章、六十九章，共三章而已。論哲理而偶涉戰爭的，也不及十章。從全書的整個思想體係看，《道德經》是一部哲學著作，而不是一部兵書。若與軍事學專著《孫子兵法》相比較，《道德經》不能認為是兵書，是很顯然的。老子作為一位思想家，在《道德經》一書中，論哲學、論政治、論人生、論社會等諸多問題，也論及戰爭，如果據此就認為它是一部兵書，未免以偏概全了吧。

三十一章

■ 題解

　　這一章，仍然是論述戰爭，是上一章的繼續，也是反對戰爭的，不過有所前進。老子認為，兵器雖是不祥的東西，但君子在不得已的情況下也可以使用它，只是勝利了不要自以為了不起，對於在戰爭中喪生的人，要表示哀痛，要以喪禮對待戰死者。這表現了老子的愛人之心。

　　夫兵者[1]，不祥之器，物或惡之[2]，故有道者不處。

　　君子居則貴左[3]，用兵則貴右。

　　兵者不祥之器，非君子之器，不得已而用之，恬淡為上[4]，勝而不美，而美之者，是樂殺人。

　　夫樂殺人者，則不可以得志於天下矣。

1　兵：指兵器，兵革。
2　物：指人。
3　貴左：以左為貴。古人認為左陽右陰，陽生而陰殺。「貴左」、「貴右」、「尚左」、「尚右」、「居左」、「居右」，都是古時的禮儀。
4　恬淡：安靜，淡然。恬淡為上，以淡然處之為最好。

吉事尚左，凶事尚右。偏將軍居左，上將軍居右。言以喪禮處之。殺人之眾，以悲哀泣之⁵，戰勝以喪禮處之。

目 譯文

兵器啊，這不吉祥的東西，誰都厭惡它，所以有「道」的人不使用它。

「君子」平時以左邊為貴，用兵打仗時以右邊為貴。

兵器這不吉祥的東西，不是「君子」可使用的東西，不得已而使用它，最好淡然處之。勝利了也不要自以為了不起，如果自以為了不起，就是樂於殺人。

凡是樂於殺人的人，就不可以讓他得志於天下啊。

吉慶之事以左邊為上，凶喪之事以右邊為上。偏將軍居於左邊，上將軍居於右邊。這就是說，用兵打仗的事要依照喪禮的儀式來處理。

戰爭殺人眾多，要以哀痛的心情參加，戰爭勝利了要依照喪禮的儀式對待戰死者。

目 評析

在這一章裏，老子論述戰爭，認為戰爭是不祥的東西，所以有道的人反對戰爭。但老子又認為，君子在不得已的情況下，也不得不使

---

5 泣：到，到場。

用戰爭這個手段來達到自己的目的，只是不以戰爭的勝利為美事，以戰爭的勝利為美事的人，就是喜歡殺人。在老子生活的春秋末期，諸侯爭霸，以戰爭來達到爭霸的目的，往往以勝利為美事，以勝利為樂事，所以老子的話，「勝而不美，而美之者，是樂殺人」，含有對諸侯爭霸的譴責之意。老子似乎不懂得用戰爭來消滅戰爭的道理，殊不知譴責是沒有用的，只有用戰爭來消滅諸侯爭霸，統一天下，才能實現天下太平。

三十二章

■ 題解

　　這一章，論述了「道」的特徵和作用，表達了老子的「無為」的政治思想，認為侯王若能依照「道」的法則治天下，順任自然，百姓們將會自動地服從。治天下，立制度，定名分，不可過分，要適可而止，這樣就沒有危險。依「道」治天下，得民心猶如河川溪水流入江海一樣。

　　道常無名。樸雖小[1]，天下莫能臣[2]。
　　侯王若能守之，萬物將自賓[3]。
　　天地相合，以降甘露，民莫之令而自勻[4]。

1　樸：指「道」。老子以「道」無所不包，所以在二十五章裏勉強名叫「大」，以「道」精細無不入，所以在這一章十里又名叫「小」。
2　臣：臣服，使之服從。這裏作動詞用。
3　萬物：指百姓。賓：服從。
4　自勻：自然均勻。

始制有名[5]，名亦既有，夫亦將知止，知止可以不殆[6]。

譬道之在天下，猶川谷之於江海[7]。

📄 譯文

「道」永遠是無名而質樸的。「樸」雖然很小，天下沒有誰能使它服從自己。

侯王若能依「道」治理天下，百姓們將會自然而然地服從。

天地間陰陽之氣相合，就降下甘露，人民沒有指使它而自然均勻。

治理天下就要建立各項制度，定出各種名分，名分既已有了，就要知道適可而止，知道適可而止就可以避免危險。

「道」為天下人心所歸，猶如江海為無數河川溪水所流歸一樣。

📄 評析

在這一章裏，老子論述「道」的特徵為樸，是一種極小而為人們看不見的東西，它永遠不停地運動變化著，自然無為，產生天地萬物，生生不已。由論「道」而論及政治，認為侯王若能遵循「道」的法則治理天下，無為而治，必然深得民心而實現天下太平。這表明，老子的政治主張是與哲學思想密切相關的，哲學是為政治服務的。

5　名：名分，名稱，即官職的等級名稱。
6　不殆：沒有危險，不會有危險。
7　之於：流入。

三十三章

　　這一章，老子宣傳了人要善於自我修養、豐富自己精神生活的一系列觀點。在老子看來，「知人」、「勝人」固然重要，但「自知」、「自勝」尤其重要。一個人若能省視自己，堅定自己，剋制自己，並且矢志力行，就能豐富自己的精神生活，保持長久的生命力。

　　知人者智，自知者明。
　　勝人者有力，自勝者強¹。
　　知足者富。
　　強行者有志²。
　　不失其所者久。
　　死而不亡者壽³。

1　強：剛強。
2　強行：堅持力行，努力不懈。
3　死而不亡：身死而「道」猶存，身死而精神猶存。壽：意謂永久，永垂不朽。

🔲 譯文

能認識別人叫做明智，能認識自己才是聰明。

能戰勝別人叫做有力量，能克服自己的弱點才是剛強。

知道滿足的人就是富有的人。

堅持力行的人就是有志的人。

不迷失根基「道」的人就能保持長久的生命力。

身死而「道」猶存的人，他的精神是永垂不朽的。

🔲 評析

在這一章裏，老子論述的個人修養問題，可以說是人生論，富有深刻的人生哲理。中國有句老話，叫「人貴有自知之明」，蓋源於老子。這一章的最後一句話，「死而不亡者壽」，學術界有不同的看法，有人認為老子是在宣傳「靈魂不滅」，反映了他的唯心主義思想；有人則持相反的意見，見仁見智。應當說，人生在世，壽夭不等，最長壽者，也不過百歲左右，不可能長生不死。對於絕大多數的普通人來說，軀體死了，靈魂也就滅了，即精神也就不存在了。然而對於極少數傑出的人物來說，情況就不同了，他們的軀體死了，但他們的精神卻可以永垂不朽，因為他們的軀體儘管消失了，而他們的思想、學說、精神，卻能長久存在，對當代及後代產生深遠的積極影響。從這個意義上說，老子的「死而不亡者壽」的話是有道理的，不能認為是唯心主義觀點。

三十四章

■ 題解

　　這一章，老子論述「道」的存在與特性，稱讚「道」的作用，歌頌「道」的偉大。老子認為，「道」是無所不在的，有了「道」才有萬物。它服侍萬物，可以說它是卑小的；萬物又歸從它，可以說它是偉大的。「道」是無為的，它生養萬物而順任自然，使萬物各得其所，各適其性，而它則「不辭」、「不有」、「不為主」。

　　大道氾兮¹，其可左右。
　　萬物恃之以生而不辭²，功成而不有³。
　　衣養萬物而不為主⁴，可名於小⁵；
　　萬物歸焉而不為主，可名為大⁶。

1　氾：同「泛」，水向四處流，叫做氾濫。「氾兮」，廣泛流行的意思。
2　辭：言辭，稱說。「不辭」，意思是不說三道四，不加干涉。
3　不有：不自以為有功，不佔有功勞。
4　不為主：不自以為主宰，不加以主宰。
5　小：渺小。指「道」生養萬物的作用若有若無而言。
6　大：偉大。指萬物都自動地歸附於「道」而言。

以其終不自為大，故能成其大。

🔳 譯文

大道廣泛流行啊，上下左右無所不到。

萬物依賴它生長而不加干涉，有所成就而不佔有功勞。

它護養了萬物而不加以主宰，可以算是渺小；

萬物歸附於它而不加以主宰，可以稱為偉大。

由於它始終不自以為偉大，所以才能成就它的偉大。

🔳 評析

在這一章裏，老子雖然只是論「道」而表述了哲學思想，但也隱含了政治主張，喻示統治者，若能對「道」的特性和作用有所領悟，即由「道」生萬物而「不辭」、「不有」、「不為主」，能領悟出不干擾百姓的生產與生活，不存佔有欲，不存支配欲，不作人民的主宰者，實行「無為而治」，天下就太平無事了。

三十五章

■ 題解

　　這一章，老子論述了「道」的作用和影響，能使天下眾人都向它投靠而不相妨害，過上和平安寧的生活。它雖是無形的，看不見，聽不到，說出來也沒有什麼味道，但它的作用卻是無窮無盡的。

　　執大象¹，天下往。往而不害，安平太²。

　　樂與餌³，過客止。

　　道之出口，淡乎其無味，視之不足見，聽之不足聞，用之不足既⁴。

■ 譯文

　　誰掌握了大「道」，天下人都會來向他投靠。投靠而不互相妨

1　大象：大道。「象」即「道」。
2　安：乃，則，於是。太：同「泰」。安寧的意思。
3　樂：音樂。餌：美食。
4　既：盡。「不足既」，無窮無盡。

害，於是大家都平和安泰。

音樂的樂音和美食的香味，能使過路人為之停步。

「道」由人的口裏說出來，平淡得沒有味兒，看它又看不見，聽它又聽不到，而它的作用卻是無窮無盡的。

目 評析

在這一章裏，老子論「道」，並將「道」和「樂與餌」作比較，具有豐富的思想內涵。「樂與餌」，有聲，有味，有形，而「道」則無聲，無味，無形，因此人們只重視「樂與餌」而無視「道」。「樂與餌」，只能滿足人們的耳目口腹之欲，作用和影響是有限的；「道」則能滿足人們的心靈需要，豐富精神生活，指導言行，作用和影響是無限的。讀老子的這一章之言，頗能給人的思想以深刻啟迪。

三十六章

■ 題解

　　這一章，老子論述了若干對矛盾雙方互相轉化的情況，表現了他的辯證法思想。「物及必反」，「盛極而衰」，是自然界運動變化的規律，也是社會人事運動變化的規律。生活在二千多年前的老子，能夠看出這一規律，是很了不起的。但他的「柔弱勝剛強」的結論，未免絕對化了，表現了他的辯證法的不徹底性。他不懂得，「柔弱」有兩種情況：新生的事物處於柔弱狀態，可以發展狀大，戰勝剛強的事物；衰朽的事物處於柔弱狀態，必然逐漸走向滅亡，而不可能戰勝剛強的事物。不過，老子告誡統治者，逞強恃暴是不會持久的，這一觀點是可取的。

　　　將欲歙之¹，必固張之²；
　　　將欲弱之，必固強之；
　　　將欲廢之，必固興之；

1　歙：斂，合。
2　固：暫且。

將欲取之，必固與之[3]。

是謂微明[4]，柔弱勝剛強。

魚不可脫於淵[5]，國之利器不可以示人[6]。

譯文

想要收斂它，必須暫且擴張它；

想要削弱它，必須暫且加強它；

想要廢棄它，必須暫且抬舉它；

想要奪取它，必須暫且給與它。

這就是微妙的先兆，柔弱戰勝剛強。

魚的生存不能脫離深淵，國家的刑法禁令不可以用來炫耀威嚇人民。

評析

在這一章裏，老子論述「合」與「張」、「弱」與「強」、「廢」與「興」、「取」與「與」四對矛盾對立雙方的一方向另一方轉化，揭示了「物極必反」、「盛極而衰」的事物發展規律。這一章是講辯

3　與：同「予」，給。

4　微明：微弱的光明，意思是難以看見的聰明，即深沉的聰明；或謂深遠的預兆，微妙的先兆。

5　脫：脫離，離開。

6　利器：指刑法禁令，治國方略。示人：給人看，炫耀於人。

證法，但有的人卻認為是講用兵之道，似乎不妥。當然，懂得了辯證法，既可以將它應用於政治策略，也可以將它應用於軍事策略。從這一章最後一句「國之利器不可以示人」來看，認為這一章講辯證法，意在喻示為政之道，似乎較為妥當。

三十七章

▄ 題解

　　這一章，老子以論述「道」的作用，來表達他的「無為而無不為」的政治理想。在老子看來，統治者能依照「道」的法則來為政，順任自然，不妄加干預，百姓們將會自生自長，自我發展。在百姓們自生自長時如果發生貪欲，就用「道」來鎮服。百姓們沒有貪欲了，就會安靜了，天下也就自然會安定了。老子的政治理想雖是幻想，不可能實現，但他要統治者依照「道」的法則為政，不要胡作妄為，不要危害百姓，還是有積極意義的。

　　道常無為而無不為¹。
　　侯王若能守之²，萬物將自化³。

1　無為：指「道」的作用順任自然，不妄為。無不為：指萬物都由「道」所產生，沒有不是「道」所為的。

2　之：指「道」。

3　萬物：指百姓。自化：自我化育，自生自長，充分發展。

化而欲作[4]，吾將鎮之以無名之樸[5]。

鎮之以無名之樸，夫將不欲。

不欲以靜，天下將自定。

■ 譯文

「道」永遠是順任自然而無為的，然而又沒有一件事不是它所為的。

侯王如果能依照「道」的法則為政，百姓們就會自生自長而得以充分發展。

在百姓們自生自長充分發展時如果有貪欲發生，我就用「道」的真樸來使他們安靜順服。

用「道」的真樸來使他們安靜順服，就不會有貪欲發生了。

百姓們沒有貪欲就安靜了，天下自然就會安定了。

■ 評析

從第一章至本章，共三十七章，是《道德經》的上篇，叫做《道經》；從三十八章至八十一章，共四十四章，是《道德經》的下篇，叫做《德經》。第一章，老子提出了「道」的概念，就「道」論「道」，闡述「道」的哲學原理。在本章裏，老子對「道」的作用作

4　欲：指貪欲。作：興，生。「欲作」，貪欲興起，貪欲發生。
5　樸：形容「道」的純真素樸。

了高度概括：「道常無為而無不為」，並將它應用於社會政治，「侯王若能守之，萬物將自化」。在以前的若干章裏，老子多次由論「道」而論及政治，主張實行「無為而治」，本章再次由論「道」而論及政治，希望統治者為政，能遵循「道」的自然法則，「無為而無不為」，因此可以說，本章是對以前各章所論，作了一個總結。值得注意的是，老子提出「無為而治」的政治主張後，中國歷代統治者都不曾採納和施行過，漢唐兩代雖有個別統治者崇尚老子的道家學說，但也並沒有真正實行過「無為而治」。可是到了當代，國內國外，特別是西方世界，人們宣導返樸歸真，回歸大自然，恢復人的自然本性，與大自然相和諧，對老子道家學說有興趣的人越來越多，普遍認同老莊的自然觀與社會觀，這也許就是老子道家學說所具有的永久性價值吧。

三十八章

■ 題解

　　這一章，老子由論「德」而論政，進一步論述了「無為而無不為」的政治觀點。在老子看來，「道」是「無為而無不為」的，「道」的屬性表現為「德」。凡是符合「道」的行為，就是「有德」；凡是不符合「道」的行為，就是「失德」。「道」與「德」是不可分離的，但又不完全一致，「德」有上下之分，「上德」符合「道」，「下德」就有偏離了。「仁」、「義」、「禮」，都是「失道」、「失德」後出現的，都是要不得的。老子不懂得，「仁」、「義」、「禮」固然有束縛人的個性，為統治階級利益服務的一面，但在一定的歷史條件下，「仁」、「義」、「禮」也有規範人們思想行為的另一面，對維護社會秩序是有積極作用的。不過，老子抨擊統治者利用「仁」、「義」、「禮」來愚弄百姓，是擊中要害的，是發人深思的。

上德不德[1]，是以有德；下德不失德[2]，是以無德[3]。

上德無為而無以為[4]；下德無為而有以為[5]。

上仁為之而無以為；上義為之而有以為。

上禮為之而莫之應，則攘臂而扔之[6]。

故失道而后德，失德而後仁，失仁而後義，失義而後禮。

夫禮者，忠信之薄[7]，而亂之首[8]。

前識者[9]，道之華[10]，而愚之始。

是以大丈夫處其厚，不居其薄；處其實，不居其華。故去彼取此。

☰ 譯文

　　具備「上德」的人不表現為形式上的「德」，因此實在是有「德」的；具備「下德」的人只表現為形式上不脫離「德」，因此實在是沒有「德」的。

　　具備「上德」的人順任自然而不故意表現出「德」；具備「下德」的人順任自然而又故意表現出「德」。

1　不德：不表現為形式上的「德」。
2　不失德：形式上不脫離「德」。
3　無德：無法體現真正的「德」。
4　無以為：無心作為，不故意作為。「以」，有心，故意。
5　有以為：有心作為。
6　攘臂：伸出手臂。扔：強力牽曳。
7　薄：不足。
8　首：開端，起始。
9　前識者：有先見之明的人；先知先覺的人，智者。
10　華：虛華，花言巧語。

「上仁」的人表現出的「仁」並不是故意的;「上義」的人表現出的「義」乃是故意的。

「上禮」的人表現出「禮」而沒有人回應,於是就伸出胳臂強使人聽從。

所以失去「道」而後才有「德」,失去「德」而後才有「仁」,失去「仁」而後才有「義」,失去「義」而後才有「禮」。

「禮」這個東西,是忠信不足的產物,是禍亂起始的因素。所謂先見之明,不過是「道」的虛華,是愚昧的開始。所以大丈夫立身淳厚,不居於澆薄;存心樸實,不居於虛華。所以要捨棄澆薄虛華而採取淳厚樸實。

📋 評析

在這一章裏,老子論「德」與政的關係,是由「道」與政的關係而來的。老子認為,「道」是客觀的物質存在及其運動變化規律,「道」的屬性工作表現為「德」,「德」是「道」的屬性在人世間的體現,人們把「道」運用於人類社會所產生的功能,就是「德」,所以為政以「德」,就是按「道」的自然法則「無為而無不為」。由於人的品性不同而對「道」的運用有異,所以有「上德」與「下德」之分。老子的所謂「德」,是一種哲學概念。不同於孔子的所謂德,是一種倫理學概念。老子是明確反對孔子儒家仁、義、禮的道德規範的,認為是「失道」、「失德」造成的,是愚弄百姓的說教。老子反對仁、義、禮有片面性,已如《題解》所述,不再重複。

三十九章

■ 題解

　　這一章，論述「道」的作用，天地萬物都來源於「道」；如果失去了「道」，天地萬物就不能存在下去。老子告誡統治者，從「道」的觀點看，貴以賤為根本，高以下為基礎，沒有百姓為根本，為基礎，就沒有高貴的侯王。侯王不應追求讚美稱譽，不要想做什麼美玉，寧可做堅石為好。

　　昔之得一者[1]：
　　天得一以清；
　　地得一以寧；
　　神得一以靈[2]；
　　谷得一以盈；
　　萬物得一以生；

1　得一：即得「道」。
2　神：指人。靈：靈性，靈妙。古人說過，人為萬物之靈。

侯王得一以為天下貞[3]。

其致之也[4]，謂天無以清[5]，將恐裂；

地無以寧，將恐廢；

神無以靈，將恐歇[6]；

谷無以盈，將恐竭[7]；

萬物無以生，將恐滅；

侯王無以貞，將恐蹶[8]。

故貴以賤為本，高以下為基。

是以侯王自稱孤、寡、不穀[9]。

此非以賤為本邪？非乎？

故至譽無譽[10]。

是故不欲琭琭如玉[11]，珞珞如石[12]。

☰ 譯文

從來凡是得到「道」的：

天得到「道」而清明；

3　貞：首領。
4　其致之：推而言之。
5　謂：假如說。
6　歇：消失，停止，絕滅。
7　竭：枯竭，乾涸。
8　蹶：跌倒，挫折，失敗。
9　孤、寡、不穀：古代帝王自稱為「孤」、「寡人」、「不穀」。「不穀」即不善。
10　至譽無譽：最高的榮譽無須讚美稱譽。
11　琭琭：形容美玉。珀琭
12　珞珞：形容石堅。

地得到「道」而安寧；

人得到「道」而有靈性；

河谷得到「道」而充滿流水；

萬物得到「道」而生長；

侯王得到「道」而為天下首領。

推而言之，天不能保持清明，恐怕要崩裂；

地不能保持安寧，恐怕要震潰；人不能保持靈性，恐怕要絕滅；

河谷不能保持流水，恐怕要乾涸；

萬物不能保持生長，恐怕要消滅；

侯王不能保持首領地位，恐怕要傾覆。

所以貴以賤為根本，高以下為基礎。

因此侯王自稱為「孤」、「寡」、「不穀」。

這不是貴以賤為根本嗎？不是嗎？

所以最高的榮譽無須讚美稱譽。

不要想做美玉，寧可做堅石為好。

▤ 評析

　　在這一章裏，老子論述了「道」的作用的普遍意義，以「一」代稱「道」，認為萬物都來源於「道」。老子在這一章裏突出「一」，是有深刻含義的。將這一章與其它有關章聯繫起來看，可以看出，老子認為「一」產生萬物，萬物不停地運動變化，復歸於「一」，循環往復，生生不已，因此「一」是萬物的基礎，沒有「一」，就沒有萬物。

四十章

一 題解

這一章，老子用極其簡潔的語言，論述了「道」的存在、「道」的運動變化法則和「道」產生天下萬物的作用。文字精練，含義豐富。

反者道之動[1]，弱者道之用[2]。
天下萬物生於有[3]，有生於無[4]。

二 譯文

「道」的運動變化是迴圈往復永恆不停的，「道」的作用渺小而無形。

天下萬物產生於看得見的有形質，看得見的有形質產生於看不見

1　反：循環往復，永恆不停。
2　弱：小，渺小，指「道」的作用是無形的，小得看不見，但又是確實存在的。
3　有：指「道」的有形質。見第一章注。
4　無：指「道」的無形質。見第一章注。

的無形質。

目 評析

　　在這一章裏，老子論述的方法是，先提出結論性的命題，而後進行論述。老子認為，「道」是極微小的，看不見的，但又是確實存在的，這就是「無」；「道」又是永恆不停地有規律地運動變化著，從而產生天下萬物，這就是「有」，所以說「有生於無」。天下萬物由生到死，又由死而再生，循環往復，生生不已，無窮無盡，這就是「反者道之動」。

四十一章

■ 題解

　　這一章，老子先講上士、中士、下士「聞道」的態度不一樣，接著，他引用古人說過的話，列舉一系列構成矛盾的事物雙方，既是彼此相異，互相對立，又是互相依存的，彼此具有統一性，從矛盾的觀點，說明相反相成，是「道」與「德」的規律的體現。只有「道」才能使萬物善始善終。

> 上士聞道，勤而行之；
>
> 中士聞道，若存若亡；
>
> 下士聞道，大而笑之。不笑不足以為道！
>
> 故建言¹有之：
>
> 明道若昧；進道若退；夷道若纇。²

1　建言：立言。這裏的意思是，自古立言的人就說過這些話。亦說「建言」應為《建言》，是古時的一本書或一篇文章。

2　夷：平坦；纇：崎嶇坎坷。

上德若谷；大白若辱[3]；廣德若不足；建德若偷[4]；質真若渝[5]。

大方無隅[6]；大器晚成；大音稀聲；大象無形。

道隱無名。

夫唯道，善貸且成[7]。

目 譯文

上士聽了「道」的理論，努力照著實行；

中士聽了「道」的理論，將信將疑；

下士聽了「道」的理論，就認為是空洞的道理而哈哈大笑。不被嘲笑，那就不足以成其為「道」了。

所以古時立言的人說過這樣的一番話：

光明的「道」好似暗昧；前進的「道」好似後退；平坦的「道」好似崎嶇。

崇高的「德」，好似低下的川谷；廣大的「德」，好似不足；剛

3　大白若辱：「辱」通「黑辱」，黑垢之意。此句在「上德若谷」句後，文意似不通順。據諸多注家所說，「大白若辱」句當在「大方無隅」句之前為妥。

4　建：通「健」；「偷」，這裏作「惰」字解。「建德若偷」的意思是，剛健的「德」，好像怠惰的樣子。

5　渝：這裏是指污濁、混沌的意思。

6　隅：角落，觭角的地方。「大方無隅」的意思是，最為方整的東西卻沒有棱角。

7　貸：給予，引申為幫助，輔助之意。馬王堆帛書乙本為「夫唯道，善貸且善成」。敦煌本「貸」作「始」。「善貸且善成」的意思是，「道」使萬物善始善終，而萬物自始至終也離不開「道」。

健的「德」，好似怠惰；質樸的純真，好似混沌未開。

最潔白的東西，反而含有污垢；最方正的東西，反而沒有棱角；最貴重的器物，總是最後製成；最大的聲響，反而聽來無聲；最大的形象，反而無形。

「道」總是幽隱不現，無名無形。但只有「道」，才能使萬物善始善終。

目 評析

在這一章裏，老子論述了「道」的內在蘊涵與外在表現的特徵，從有形與無形，存在與意識，自然與社會諸領域的多種事物的本質與現象中，論證了矛盾的普遍性，揭示出辯證法的真諦。由於人的智力高低不等，因而認識「道」的水準大不相同。這一章的論述，富有深邃的智慧，能給人以深刻的思想啟迪。

四十二章

■ 題解

　　這一章的前半部分，講的是宇宙生成論。老子所說的「一」、「二」、「三」，是指「道」創生萬物的過程。萬物的總根源是「混而為一」的「道」，「道」對於千姿百態的萬物來說，是獨一無二的。但「道」本身，卻稟賦著兩個相互對立的方面即陰陽二氣，也就是「二」；陰陽二氣的交衝融合，構成新的統一體，也就「三」。「三」不等於一個具體的事物，而是指形態各異的萬物。老子的宇宙生成論，是唯物的，而不是神創的。這一章的第二部分，講事物相反相成，矛盾的雙方既是對立的，又是統一的；矛盾的雙方並不是不變的，而是可以互相轉化的，反映了老子的辯證法思想。

道生一[1]，一生二[2]，二生三[3]，三生萬物。

萬物負陰而抱陽[4]，沖氣以為和[5]。

人之所惡，唯孤、寡、不穀[6]，而王公以為稱。

故物或損之而益，或益之而損。

人之所教，我亦教之。

強梁者不得其死，吾將以為教父[7]。

▤ 譯文

「道」是獨一無偶的，「道」本身包含著陰陽二氣，陰陽二氣相交衝而形成第三者，即和諧勻調狀態，萬物在這種狀態中產生。

萬物背陰而向陽，並且在陰陽二氣的不斷交衝下形成新的統一體。

1　生：這裏作存在解。一：統一體。老子認為「道」是絕對無偶的，用數字來表示即是「一」。

2　二：老子認為，統一體的「一」是「道」的基礎和本原，而「道」的本身則包含著對立的兩方面，如有無、動靜、高下、陰陽等兩兩相反相成的範疇，都包括在「一」的統一體中。而陰陽二氣的統一體即是「道」，所以陰陽二氣用數字表示即是「二」。

3　三：即是由兩個相互對立的方面相互撞擊交衝所產生的第三者——和氣，進而生成萬物。

4　負陰而抱陽：背陰而向陽之意。

5　沖氣以為和：「沖」，交衝，激蕩。這句話的意思是，陰陽二氣互相交衝而成勻調和諧狀態，即形成新的統一體。

6　孤、寡、不穀：古代帝王自稱為「孤」、「寡」、「不穀」。「不穀」即不善。

7　「人之所惡」至「吾將以為教父」一段文意，似與前半部分不相一致，疑為三十九章錯移本章。

人們最厭惡的就是「孤」、「寡」、「不穀」，但王公卻用這些字眼兒來稱呼自己。

　　所以一切事物，減損它有時反而得到增加，增加它有時反而得到減損。別人這樣教導我，我也這樣去教導人。

　　強暴的人不得好死，我把這句話當作施教的宗旨。

▤ 評析

　　在這一章裏，老子論述了宇宙萬物生於「道」，「道」是宇宙萬物產生的本源。在老子看來，「道」作為一種元始物質，是混沌之氣，即是「一」，它包含著陰陽二氣，永恆不停地有規律地運動變化著，從而產生宇宙萬物。在老子生活的春秋時代，統治人們思想的觀念是「天」，「天」是有意志的神，是創生並支配宇宙萬物的主宰者。在這樣的歷史背景下，老子卻提出了唯物論的宇宙萬物生成論，否定有意志的神的存在，是非常了不起的卓越見解。

四十三章

■ 題解

　　這一章，講的是「柔弱」的作用和「無為」的好處，表現了老子的柔弱可以勝剛強的思想。在老子看來，最柔弱的東西里面，蓄積著人們看不見的巨大力量，使最堅強的東西無法抵擋。「柔弱」發揮出來的作用，在於「無為」。老子認為，「柔弱」的作用和「無為」有益，天下很少有人能做到。

　　天下之至柔，馳騁天下之至堅。

　　無有入無間[1]，吾是以知無為之有益。

　　不言之教，無為之益，天下希及之[2]。

■ 譯文

　　天下最柔軟的東西，能夠戰勝天下最堅強的東西。

1　無有：指無形的東西；無間：沒有間隙。
2　天下希及之：意思是，天下很少有人能夠做得到。希：少。

無形的力量能夠穿透沒有空隙的有形之物，我因此知道「無為」的益處。「不言」的教導，「無為」的好處，天下很少有人能夠做得到。

三 評析

　　在這一章裏，老子論述的柔弱戰勝剛強的思想，存在著片面性，有絕對化的毛病。其實，世界上的事物多種多樣，千差萬別，在許多情況下，柔弱的東西是敵不過剛強的東西的，柔弱戰勝剛強，需要有一定的條件。例如滴水可穿石，如果水不處於相當的高處，而是與石處於同一平面，水就無法滴，也就談不上穿石。

四十四章

■ 題解

　　這一章，老子宣傳的是這樣的一種人生觀，人要貴生重己，對待名利要適可而止，知足知樂，這樣才能避免遇到危難；反之，為名利奮不顧身，爭名逐利，最終必然落得身敗名裂的下場。在老子看來，貪求的名利越多，付出的代價也就越昂貴；蓄積的財富越多，失去的也就越多。所以他警告說：握有權柄的統治者，不要執迷於他人的國土，對財富也不要表現出強烈的佔有欲，而要「知足」、「知止」，只有「知足」、「知止」，才能「不辱」、「不殆」，長久平安。

　　名與身孰親？身與貨孰多[1]？得與亡孰病[2]？
　　甚愛必大費[3]，多藏必厚亡。
　　故知足不辱[4]，知止不殆，可以長久。

1　貨：財富；多：貴重的意思。
2　得與亡孰病：「得」，指名利；「亡」，指喪失生命；「病」，有害。
3　今本「甚愛必大費」前有「是故」二字，馬王堆出土帛書無此二字，故據以刪去。
4　馬王堆帛書「知足不辱」前有一「故」字，據以補正。

▤ 譯文

　　名聲和生命相比哪一樣最親切？生命和財富相比哪一樣更貴重？得到名利和喪失生命相比哪一個更有害？

　　過於貪求名利，必定要付出更大的代價；斂積財富過多，必定會遭致更為慘重的損失。

　　所以說，知道滿足就不會遭到屈辱；知道適可而止就不會遇到危險，這樣才可以長久平安。

▤ 評析

　　在這一章裏，老子用提問的方式，提出了世界上每個人都會遇到的尖銳問題，如何對待得與失。在老子看來，有得就會有失，有失也會有得。虛名與生命，貨利與人生的價值，孰輕孰重，道理並不難理解，但不少人就是不能正確處理兩者的得失關係，為圖虛名而喪命，為貪貨利而亡身，這樣的人比比皆是。這一章，反映了老子淡泊名利的處世哲學。

四十五章

一 題解

　　這一章，老子描述了事物相反相成，表面現象和實質的不一致，表達了他的辯證法思想和完美的人格理想。把這一思想運用到政治上，就是「無為而無不為」，「無為」可以達到「有為」的目的。

　　大成若缺[1]，其用不弊。
　　大盈若沖[2]，其用不窮。
　　大直若屈，大巧若拙，大辯若訥。[3]
　　躁勝寒[4]，靜勝熱。
　　清靜為天下正[5]。

二 譯文

1　大成：最為完滿的東西。
2　沖：空虛。「大盈若沖」的意思是，最充實的東西好像空虛。
3　訥：口才不好，笨嘴笨舌。
4　躁：擾動、動作之意。
5　為天下正：「正」通「政」。這句話的意思，清靜無為才能統治天下。

最完滿的東西好似欠缺，但它的作用不會衰竭；

最充盈的東西好似空虛，但它的作用不會窮盡。

最正直的東西好似枉屈，最靈巧的東西好似笨拙，最卓越的辯才好似不善言辭。

不停地動作可以戰勝寒冷，安靜能夠克服暑熱。

清靜無為才能統治天下。

目 評析

在這一章裏，老子論述事物相反相成的辯證法，既可以用於認識事物，也可以用於認識人。用於認識事物，若是「成」與「缺」、「盈」與「沖」、「直」與「屈」、「巧」與「拙」、「辯」與「訥」的內在本質與外在表現統一於某一事物，則這一事物就是完美的。用於認識人，如果某個人表現得「大成若缺」，「大盈若沖」，「大直若屈」，「大巧若拙」，「大辯若訥」，那麼這個人的品格就是完美的。老子的這種見解，具有深刻的哲理。

四十六章

一 題解

　　這一章，老子描繪了和平與戰爭的不同情景，表達了他的反戰思想。在老子看來，天下有道，就不會發生戰爭；天下無道，就會發生戰爭，給人民造成深重的災難。戰爭的起因，在於統治階級貪欲甚，不知足，這種見解是深刻的。但老子的知足常樂的結論是不科學的，是歷史唯心主義的表現。不過就當時的統治階級貪得無厭，釀成戰禍而言，老子的結論無疑是對統治階級的一種強烈抗議。

　　天下有道，卻走馬以糞[1]；天下無道，戎馬生於郊[2]。

　　禍莫大於不知足，咎莫大於欲得。故知足之足，常足矣。

二 譯文

　　國家政治上軌道，把戰馬還給農夫耕種田地；國家政治不上軌道，連懷胎的母馬也被徵用來作戰，在郊外戰場上生下馬駒子。

1　走馬以糞：「糞」通「播」，即耕種，種田。「走馬以糞」，指用戰馬耕種田地。
2　戎馬生於郊：「戎馬」，戰馬；「生於郊」，指牝馬生駒於戰場。

禍患沒有比不知道滿足更為大的了，罪過沒有比貪得無厭更為大的了。所以，知道應該滿足時就滿足的人，才永遠是滿足的。

目 評析

　　在這一章裏，老子所表達的反戰思想，就他生活的春秋時代的歷史背景而言，諸侯爭霸，兼併和掠奪戰爭連年不斷，給社會生產和人民生活造成深重災難，反戰是有積極意義的；但對於戰爭的正義性與非正義性，戰爭的進步作用與反動作用，不加分析與區別對待，是一大缺點。由反戰而提倡知足與寡欲，對於警告統治階級不要貪得無厭，以免遭致禍咎，也是有積極意義的；但對於一般人而言，知足與寡欲，消極退縮，不奮發進取，就會不利於促進生產力的發展，不利於經濟的繁榮。

四十七章

■ 題解

　　這一章，講的是認識論，表達了老子的清靜無為的思想。在老子看來，外在的經驗知識是要不得的，因為它會擾亂人的心靈；只有內在的自省，下功夫自我修養，才能領悟「天道」，知曉天下萬物的變化發展規律。顯然，老子的這種認識論，完全否認實踐的作用，是不科學的，是唯心主義的一種表現。

　　不出戶，知天下；不窺牖[1]，見天道[2]。其出彌遠，其知彌少。
　　是以聖人不行而知，不見而明，不為而成[3]。

■ 譯文

　　不出門，就能知道天下的事理；不望窗外，就能認識日月星辰運行的自然規律。向外出走得越遠，他所知道的事理反而會越少。所

1　窺：從小孔隙裏看；牖：窗戶。不窺牖，不望窗戶外之意。
2　天道：日月星辰運行的自然規律。
3　不為而成：這句話並不是什麼也不做的意思，而是指「無為」，不妄為。

以，有道的「聖人」不出行而能知曉世上的事理，不窺見而能領悟「天道」，不妄為而能成其事。

🗒 評析

在這一章裏，老子論述了認識事物的方法，在於通過自我修養，淨化心靈，排除外界的物欲的干擾，發揮心靈的領悟作用，去認識事物的運動變化規律；而不在於通過實踐，不斷總結實踐經驗，去探求事物的運動變化規律，這反映老子的認識論，過於重視理性認識，而忽視感性認識，不懂得感性認識與理性認識既有區別又緊密相聯的辯證關係。只有理性認識，沒有感性認識，「不行而知，不見而明」，這樣的認識是不完全的，將這樣的認識應用於政治，雖然主觀上要順應自然規律，不妄為，但客觀上是做不到的，因而是不可能成就事業的。

四十八章

■ 題解

　　這一章，首先講「為學」與「為道」的不同，接著講「為道」的意義。這裏所謂的學，指的是「政教禮樂之學」。在老子看來，這種學問學得越多，私欲妄見也就層出不窮；「為道」則不同，它足以減損私欲妄見，增強自然的真樸。不斷地去除私欲妄見，日漸返樸歸真，最終達到「無為」的境地。只有「清靜無為」、沒有私欲妄見的人才能治理國家。這樣的人不恣意干擾人民的生活，不把自己的意志強加於人民，使人民各安其業，實現天下太平。

　　為學日益[1]，為道日損[2]，損之又損，以至於無為。

───────────

1　為學日益：「為學」，是指求外部世界學問（即經驗知識）的活動。這裏所說的「為學」，即所謂對政教、禮樂的追求。老子認為，對這些學問的學習和積累，就會使人機智巧變、情慾文飾，日以益多。所以，老子是不贊成人們去追求這樣的學問的。

2　為道日損：「為道」，即是通過冥想或體驗的方法，領悟事物未分化狀態時的「道」，即自然之「道」或「無為」之「道」。與「為學日益」一句相照應，「為道日損即是使情慾文飾日漸損泯，以達到「無為」的境界。

無為而無不為[3]。取[4]天下常以無事；及其有事[5]，不足以取天下。

譯文

探求「學」，情慾文飾一天比一天增加；探求「道」，情慾文飾則一天比一天減少。減少又減少，最後達到「無為」的境界。

如果達到「無為」，沒有任何事情不可以有所作為。治理天下的人，要經常以不騷擾人民為治國之本；如果經常以繁苛之政擾民，就不配治理國家了。

評析

在這一章裏，老子論述「為學」與「為道」的不同，緊接上一章，講的還是認識論，只是表述方式不一樣。在老子看來，「為學」，即探求外部世界實踐的學問即經驗知識，這樣的知識越積纍越豐富，人的私欲妄見也就越多；「為道」，即通過理性思維，探求宇宙自然規律，越懂得這樣的規律，私欲妄見就越少，私欲妄見少而又少，就可以達到「無為」的境界。在這裏，老子把理性認識的作用絕對化，完全排斥經驗知識即感性認識的作用，不懂得理性認識與感性認識的辯證統一關係，反映了老子認識論的極大的片面性。

---

3 無為而無不為：不妄為，或者說達到「無為」、「道」的境界，就無所不能為了。
4 取：治、治理之意；無事，即無擾攘之事。
5 有事：指繁苛政舉，騷擾民生。

四十九章

▅ 題解

　　這一章，老子論述了「聖人」的為政之道，表現了他的政治理想。他認為，理想的統治者「聖人」，沒有私心，以百姓之心為心，使人人向善、守信。這是很可貴的思想。但他主張「聖人」在位治天下，使人人都回覆嬰孩般純真的狀態，這是歷史唯心主義的表現。

　　聖人常無心[1]，以百姓之心為心。
　　善者，吾善之；不善者，吾亦善之，德善[2]。
　　信者，吾信之；不信者，吾亦信之，德信。
　　聖人在天下，歙歙焉為天下渾其心[3]，百姓皆注其耳目[4]，聖人皆孩之[5]。

1　常無心：長久保持無私心。
2　德：假借為「得」。
3　歙：收斂，指收斂私欲妄見。「歙歙焉」，形容「聖人」治天下時，竭力消除個人的私欲妄見，不使自己的私欲妄見發生出來，猶如納氣於胸中。
4　百姓皆注其耳目：指百姓都使用聰明，生出紛爭。
5　聖人皆孩之：這句話的意思是，聖人使百姓返歸嬰孩般純真質樸的狀態。

譯文

「聖人」沒有私心，以百姓的心為自己的心。

善良的人，我善待他；不善良的人，我也善待他，這樣可以使得人人向善。

守信的人，我信任他；不守信的人，我也信任他，這樣可以使得人人守信。

「聖人」在位治理天下時，使天下人的心思歸於渾樸。百姓都競相專注於自己耳目（使用智巧而生出是非），「聖人」使他們都回覆到嬰孩般純真質樸的狀態。

評析

在這一章裏，老子提出了一個非常值得人們注意的重大問題，「聖人」為政，以百姓之心為心。早在兩千多年前，老子就能夠反映人民的願望，「聖人」以百姓之心為心，而不是百姓以「聖人」之心為心，也就是「聖人」和百姓保持一致，而不是百姓和「聖人」保持一致，這是一種非常了不起的、有巨大進步意義的政治見解。

五十章

■ 題解

　　這一章，老子論述了人生避害之道，是他的人生哲學的一種表現。他認為，人的長壽或短命，有自然的因素，亦有人為的因素。生活過於豐厚，想長生反而早死。善於避害，則可保全生命而長壽。老子觀點的可取之處，在於他注意到了人為因素對生命的影響，但他把人的壽夭不等分為三種情況，各占十分之三的說法，是不科學的。

　　出生入死[1]。

　　生之徒[2]，十有三[3]；死之徒[4]，十有三；人之生，動之於死地[5]，亦十有三。

1　這句話有兩種解釋：一、離開了生存必然走向死亡；二、出世為生，入地為死。這裏取後者。
2　生之徒：即長壽的人。「徒」當「類」解。
3　十有三：十分之三。通常的說法，就是三成。
4　死：這裏的「死」當夭折、早亡解。
5　人之生，動之於死地：這兩句話的意思是，人本來可以長生的，卻意外地走向死亡。

夫何故？以其生生之厚[6]。

蓋聞善攝生者，陸生不遇兕虎[7]，入軍不被甲兵。兕無所投其角，虎無所措其爪，兵無所容其刃。

夫何故？以其無死地[8]。

譯文

人出世為生，入地為死。

屬於長壽的，占十分之三；屬於短命的，占十分之三；本來可以活得長久，卻自己走向死亡的，也占十分之三。

為什麼會這樣呢？因為追求長生，奉養過於豐厚的緣故。

據說，善於養護自己生命的人，在陸地上行走，不會遇到兇惡的犀牛和猛虎，在戰爭中不會受到殺傷。犀牛用不上它的角，猛虎用不上它的爪，兵器用不上它的刃。

為什麼會這樣呢？因為他沒有進入死亡的範圍。

評析

在這一章裏，老子講述人為因素對生命的影響，一是追求豐厚的物質生活，本欲長生反而早死；二是不善避害，因遭猛獸之害或兵刃之殃而喪生。在老子看來，善於養生的人，在於他不會走入死亡的範

6　生生之厚：由於追求長生，以致奉養過於豐厚。前一「生」為動詞，養生的意思。
7　兕：犀。形狀像牛，頭上有獨角的野獸。
8　無死地：沒有進入死亡範圍的意思。

圍。老子的這種人生哲學，不免有消極保命傾向，但他生當亂世，人生危機四伏，生命安全沒有保障，所以提醒人們要避害保命，不要遭致不必要的傷害，也不無積極意義。

五十一章

■ 題解

　　這一章,老子論述了「道」、「德」與萬物之間的關係,表現了他的唯物主義思想。在老子看來,「道」生長萬物,「德」養育萬物,但「道」和「德」並不干涉萬物的生長繁衍,而是順其自然。「道」生養萬物而不據為己有,不自恃己能不加主宰,這是最深遠的「德」。

　　道生之,德畜之,物形之,勢成之。[1]
　　是以萬物莫不尊道而貴德。
　　道之尊,德之貴,夫莫之命而常自然[2]。

1　勢:這裏是指自然規律。「勢成之」,自然規律使萬物成熟。
2　莫之命而常自然:「道」和「德」生長養育萬物,並不是「道」和「德」有意志地干涉或主宰萬物去生長、發育,而是任萬物自化自成。

故道生之，德畜之，長之育之，亭之毒之[3]，養之覆之。[4]
生而不有，為而不恃，長而不宰，是謂玄德。[5]

⊟ 譯文

「道」生長萬物，「德」養育萬物，萬物生長呈現出各種各樣的形態，自然規律使萬物成熟。

因此，萬物無不尊崇「道」而珍貴「德」。

「道」之所以受尊崇，「德」之所以被珍貴，就在於「道」和「德」對萬物生長繁衍並不加以干涉，而順其自然。

所以「道」生長萬物，「德」養育萬物，使萬物成長發展，成熟結果，對萬物加以愛養和維護。

生長萬物卻不據為己有，興發萬物卻不自恃己能，長養萬物卻不加主宰，這就是最為深遠的「德」。

⊟ 評析

在這一章裏，老子論述「道」生成萬物，「德」養育萬物，萬物生長呈現出各種各樣的形態，由於自然規律的作用而成熟結果。「道」

---

3 亭之毒之：這句話有兩種解釋：一、「亭」作「安」解，「毒」作「定」解，「亭之毒之」即安之定之。二、「亭」作「成」解，「毒」作「熟」解，「亭之毒之」即成之熟之。按照上下文意，此處當作成熟之意解。

4 養之覆之：養，愛養、護養；覆，覆蓋、保護、維護。

5 生而不有，為而不恃，長而不宰，是謂玄德：這四句已見於十章，疑十章錯簡於此。

和「德」對萬物的生成養育，並不加以命令與安排，而是順其自然。老子的這種觀點，反映了他的無神論思想。在老子看來，萬物的生長繁衍，是「道」和「德」的自然規律起作用，自然無為，並不存在什麼神，有目的地創生並主宰萬物。老子的無神論思想，在當時的思想界，可以說是最徹底最先進的了。

五十二章

■ 題解

　　這一章，論述認識事物及其規律的方法，講的是認識論。在老子看來，天下萬物生長發展有一個總根源，只要瞭解了這個總根源，就能認識天下萬物。認識了天下萬物而又不離開總根源，就會一輩子不違背自然規律的事而免遭危險。認識事物及其規律，還要克服私欲和偏見的困擾。在這裏，老子的認識論，是主觀內省，是脫離實踐的，有唯心主義認識論的傾向。

　　天下有始，以為天下母[1]。
　　既得其母，以知其子；既知其子[2]，復守其母，沒身不殆。
　　塞其兌，閉其門[3]，終身不勤。
　　開其兌，濟其身，終身不救。

1　始：本始，指「道」，即「道」為萬物始生之本；母：根源，根本，亦指「道」。
2　子：指萬物。
3　塞其兌，閉其門：「兌」，指口，引申為孔穴，意思是指欲念產生之處；「門」，意思是指欲念從這裏出來。「塞其兌」、「閉其門」，就是塞住欲念的孔穴，閉起欲念的門徑。

見小曰明，守柔曰強。

用其光，復歸其明⁴，無遺身殃，是為襲常⁵。

譯文

天下萬物都有產生的本始，這個本始是產生天下萬物的根源。

如果知曉根源，就能認識萬物；既認識萬物，又守持著萬物的根本，終身都不會有危險。

塞住欲念的孔穴，閉起欲念的門徑，終身都沒有勞累困擾；如果打開欲念的孔穴，就會增添雜事紛擾，終身不可救藥。能察見細微的叫做「明」，能守持柔弱的叫做「強」。

發揮涵蓄的光，返照內在的明，不給自己帶來災殃，這才是萬世不絕的「常道」。

評析

這一章，是繼四十七章、四十八章之後，再次論述哲學上的認識論問題。縱觀《道德經》全書，從總體上看，老子的認識論，屬於唯物主義範疇，但在四十七、四十八及本章裏，老子的認識論表現出片面誇大理性認識的作用，忽視感性認識的作用，反映他的唯物主義思想的不成熟性和辯證法思想的不徹底性。不過，老子認為，認識事物

4　用其光，復歸其明：「光」向外照射，「明」向內透亮。這兩句話的意思是，用涵蓄的光，反照內在的明。

5　襲常：「襲」字又作「習」；襲常，襲承常道之意。

及其規律，要克服私欲和偏見的困擾，這是對的，是有積極意義的。

五十三章

■ 題解

這一章，老子描述了當時社會黑暗，政風敗壞，統治者和人民已經形成對立的狀態。農田荒蕪，倉藏空虛，人民苦難深重，但統治者卻依然憑藉權勢和武力，對人民恣意橫行，搜刮榨取，終日荒淫奢侈。所以，老子痛罵當時的為政者是「強盜頭子」，是「無道」的暴君！

使我介然有知¹，行於大道，唯施是畏²。

大道甚夷，而人好徑。朝甚除³，田甚蕪，倉甚虛，服文采，帶利劍，厭飲食⁴，財貨有餘，是謂盜竽⁵。非道也哉！

---

1 使我介然有知：「我」，指有道的「聖人」，老子託言自己；「介然」，原意為堅固的樣子，這裏是「稍微」的意思。
2 唯施是畏：最怕走邪路。「施」，邪。
3 朝甚除：有兩種解釋：一、宮殿很整潔；二、朝政極為腐敗，按上下文意，當以後者為是。
4 厭飲食：飽得不願再吃。「厭」，滿足，足夠，飽足。
5 盜竽：即大盜，盜魁。「竽」又作「誇」。

　　假如我稍微有些認識，在大道上行走，唯一擔心的是怕走上邪路。

　　大道雖然平坦，但歹人卻喜歡走邪徑。朝政腐敗已極，農田十分荒蕪，倉庫非常空虛，（王侯們）還穿著錦繡的衣服，佩帶鋒利的寶劍，飽餐精美的飲食，佔有富餘的財貨，這就叫強盜頭子。多麼無道呀！

■ 評析

　　這一章的內容，可以說是老子為罪惡的暴君們所作的畫像，反映出他對勞動人民的真摯同情，對無恥的統治者的熾烈仇恨。他憤怒地痛罵當時的為政者是「強盜頭子」，是「無道」的暴君，深刻地表達了勞動人民的強烈心聲。老子作為一位思想家，如此愛恨分明，在兩千多年前的思想家中，實屬難能可貴。

五十四章

■ 題解

這一章，講的是修身的原則、方法和作用。在老子看來，修身的原則是立身處世的根基，只有鞏固了這個根基，才能立身、為家、為鄉、為國、為天下，並且產生相應的「德」的效果。

善建者不拔，善抱者不脫，子孫以祭祀不輟[1]。

修之於身，其德乃真；修之於家，其德乃餘；修之於鄉，其德乃長；修之於邦[2]，其德乃豐；修之於天下，其德乃普。

故以身觀身，以家觀家，以鄉觀鄉，以邦觀邦，以天下觀天下。

吾何以知天下然哉？以此。

■ 譯文

善於建樹的人德性不可動搖，善於抱持的人德性不會脫離，如果子孫能遵循這個原則，則世世代的祭祀就不會斷絕。

---

1 輟：停止，終止，斷絕。
2 邦：又作「國」。

把這個原則貫徹到自身，他的德性就會純真；貫徹到一家，他的德性就可以有餘；貫徹到一鄉，他的德性就能受到尊崇；貫徹到一國，他的德性就會豐厚；貫徹到天下，他的德性就會普遍。

所以，要以自身的觀點認識自身，以家的觀點認識家，以鄉的觀點認識鄉，以國的觀點認識國，以天下的觀點認識天下。我怎麼會知道天下的情況呢？就是因為我用了以上的方法。

目 評析

在這一章裏，老子論述修身的問題，反映了他的人生哲學。在修身的問題上，道家與儒家既有相同之處，又有不同之處。相同之處是，道家與儒家都把修身作為立身處世的根基。不同之處是，道家用於修身的指導思想是運用自然辯證法，即體現「道」的屬性「德」的功能，把修身對家、國、天下的作用，看成是修身過程的自然發展；儒家用於修身的指導思想是以仁、禮、中庸為核心內容的倫理學說，修身的目的就是為了齊家、治國、平天下。

五十五章

■ 題解

　　這一章，老子論述「德」在人身上的體現，反映了他的「無為」的處世哲學。老子認為，道德涵養深厚的人，如同嬰兒般純真柔和。只有這種內在的純真柔和，才能使人精力充實飽滿，心智凝聚和諧，所以能防止外界的各種傷害和免遭不幸。如果縱慾貪求，使氣逞強，就會遭殃。「物壯則老」，叫做「不道」，「不道」會很快滅亡。

　　含德之厚，比於赤子。毒蟲[1]不螫，猛獸不據，攫鳥不搏[2]。骨弱筋柔而握固。未知牝牡之合而朘作[3]，精之至也。終日號而不嗄，和之至也。

　　知和曰常[4]，知常曰明，益生曰祥[5]，心使氣曰強。

　　物壯則老，謂之不道，不道早已。

1　毒蟲：指蜂、蠆、虺、蛇之類。
2　攫鳥：用腳爪抓取食物的鳥，如鷹隼之類；搏：鷹隼用爪翼擊物。
3　朘作：男嬰兒的小生殖器勃起。「朘」，男嬰的生殖器。
4　和：即勻和諧調的混成狀態。常：指事物運動的規律。
5　益生：縱慾貪生；祥：這裏指妖祥，即不祥的意思。

譯文

　　道德涵養深厚的人，比得上初生的嬰兒。毒蟲不螫他，猛獸不傷害他，兇惡的鳥也不搏擊他。儘管他筋骨柔弱，但拳頭卻握得很牢固。男嬰雖然不知道男女交合之事，但他的小生殖器卻常常勃起，這是因為精氣充沛的緣故。他整天啼哭，但他的喉嚨卻不沙啞，這是因為元氣醇和的緣故。

　　認識醇和的道理叫做「常」，知道「常」的叫做「明」。貪求縱慾就會遭殃，欲念主使精氣就叫做「逞強」。

　　事物過分的強壯就容易趨於衰老，這叫做不合於「道」，不合於「道」，必然很快死亡。

評析

　　在這一章裏，老子以嬰兒的純真柔和作比喻，意在說明，人生在世，要順任生命的自然規律，「無為」地生活，不強作妄為，平安地度過一生，免遭傷害。反之，如果違反生命的自然規律，縱慾貪求，使氣逞強，就容易遭致傷害。老子的這種「無為」的處世哲學，雖然缺乏奮發進取、自強不息的積極精神，但也不失為一種養生長壽之道，有其可取之處。

五十六章

▋ 題解

這一章，老子論述的是智者的修養方法及其效果，具有深刻的哲理性。在老子看來，智者是不對人們妄施說教的，而是通過自我修養，排除私欲，挫掉鋒芒，消解紛爭，調和光彩，混同塵世，不分親疏、利害、貴賤，達到「玄同」，以豁達寬廣的胸懷對待一切人物，也就自然會得到天下人的重視和尊崇。

這一章，也可以看作是老子向統治者提出的政治主張，期望他們用這樣的自我修養的方法去治理天下，天下就可以太平了。

知者不言，言者不知[1]。

塞其兌，閉其門；挫其銳，解其紛；和其光，同其塵，是謂玄

1　知者不言，言者不知：從字面上看，這兩句話的意思是，懂得的人不說，說話的人不懂。但在老子看來，「言」與「不言」，實際上還是「有為」與「無為」的問題。真正懂得「道」的人，是不露鋒芒的，只有總想表現自己，欲示己能的人，才誇誇其談，而這種人才是「不知」之人。因此，這裏的「不言」並不是不說話的意思，而是「智者慎言」、不妄加說教的意思。

同²。

故不可得而親，不可得而疏；不可得而利，不可得而害；不可得而貴，不可得而賤³，故為天下貴。

🔲 譯文

智者慎言而不對人們妄加說教，不慎言而對人們妄加說教就不是智者。塞住欲念的孔穴，關閉欲念的門徑。挫掉鋒芒，消解紛爭，調和光彩，混同塵世，這就叫做「玄同」。達到「玄同」境界的人，已經超脫親疏、利害、貴賤，所以為天下人所尊貴。

🔲 評析

在這一章裏，老子論述智者的修養方法，是運用哲學思想，解決好人生中遇到的矛盾雙方對立狀況，達到和諧統一的境界。在老子看來，不論是自然界還是人類社會，任何事物都存在著矛盾雙方對立狀況，如「銳」、「紛」、「光」、「塵」都存在著矛盾雙方的對立，智者的高明之處，就在於他懂得「道」，不是妄加說教，而是通過自我修養，排除私欲，「挫銳」、「解紛」、「和光」、「同塵」，使矛盾雙方的對立達到「玄同」，即達到和諧統一的境界。智者能做到這樣，就修養成理想的人格了，處理任何人事矛盾也就能取得良好的效果了。

2　玄同：玄妙齊同，即指「道」。

3　不可得而親，不可得而疏；不可得而利，不可得而害；不可得而貴，不可得而賤：這幾句話的意思是，達到「玄同」境界的人，心超物表，脫離親疏、利害、貴賤等世俗範疇。

五十七章

■ 題解

　　這一章，老子論述了治國之道，宣揚了他的「無為」的政治思想。老子生活的時代，社會現實使他痛切地感到，統治者總是依靠權勢和武力，肆意橫暴，為所欲為。統治者總以為自己是社會和民眾的主宰，根據自己的意願和利益去制定社會政治法律制度，並且強制人民去實行，以致造成天下「民彌貧」、「國家滋昏」、「盜賊多有」的混亂局面。所以老子提出「無為」、「好靜」、「無事」、「無欲」的治國方案，反對統治者的恣意妄為、擾攘民眾、與民爭利的昏暴政治。老子的政治主張，根本不可能為統治者所接受，也絕對沒有實現的可能，只不過是烏托邦式的幻想而已。但是，老子提出的治國構想，「我無為，而民自化；……我無事，而民自富；我無欲，而民自樸」，對於頭腦清醒的統治者為政，是會有教益的。

　　以正[1]治國，以奇用兵，以無事取天下。

　　吾何以知其然哉？以此：

1　正：正大光明的原則，此處指清靜無為之「道」。

天下多忌諱[2]，而民彌貧；人多利器，國家滋昏；人多伎巧，奇物滋起[3]；法令滋彰，盜賊多有。

故聖人云：「我無為，而民自化；我好靜，而民自正；我無事，而民自富；我無欲，而民自樸。」

📋 譯文

應以清靜無為之「道」治國，應以詭奇的方法用兵，應以不擾攘人民治理天下。

我怎麼知道這些道理呢？根據就在於：

天下的禁令越多，人民就越貧窮；民間的武器越多，國家就越混亂；人們的技巧越多，為統治者提供的豪奢精巧的物品也就越多；法令越是多而森嚴，盜賊反而不斷增加。

所以有道的人（「聖人」）說：「我無為，人民就自然順化；我好靜，人民就自然純正；我不擾民，人民就自然富足；我沒有奢欲，人民就自然淳樸。」

📋 評析

在這一章裏，老子論述「無為」的治國之道，從總的思想傾向來看，反映了人民「自富」的願望，抨擊統治者政治壓迫和經濟剝削，

---

2 忌諱：禁令，戒律。

3 人多伎巧，奇物滋起：意思是，人們製作器物的技能越多，提供給統治者的豪奢物品也就越多。「伎巧」，即技巧，智巧。

是值得稱道的。但老子的個別論點是有問題的，例如「人多技巧，奇物滋起」。有的學者據此認為，老子把工藝技巧看成是壞東西，認定它是造成社會禍亂的原因之一，因而主張廢棄工藝技巧，這種觀點是錯誤的，也是反動的。如此分析批判老子的觀點，雖然不無道理，但也是值得商確的。的確，老子看到了工藝技巧的負面作用，「人多技巧，奇物滋起」，怎麼可以由此認定老子主張廢棄工藝技巧呢？君不見老子主張「民自富」嗎？民致富，光靠簡單的體力勞動是不行的，人民掌握的工藝技巧越多越高，就越能致富，難道不是這樣嗎？當然，老子沒有講工藝技巧的正面作用，是一大缺點。

五十八章

■ 題解

　　這一章，講的是政治、社會、人生方面的辯證法，含義深刻，富有啟迪意義。老子認為，政治上寬鬆，就可以使社會風氣敦厚，人民樸實；而繁苛嚴酷的政治，給人民帶來無盡的災難，必然遭到人民的強烈不滿和反抗。

　　政治上的寬與嚴，關係到統治者的存與亡，如同福與禍、正與邪、善與惡一樣，總是相互對立，相互依存、相互轉化的。但是，當政者從來沒有弄明白一切事物都在對立的情狀中反覆交變的道理，實行嚴酷的政治，總想保持自己的長久統治，結果走向它的反面，被人民所推翻。這個歷史變化發展的規律，是任何人也無法抗拒的。在這裏，老子提醒世人觀察事物，不要只看到事物的一個方面，同時還要看到事物的另一方面，明白事物相互依存轉化的道理，不要被眼前的表面現象所迷惑。

其政悶悶[1]，其民淳淳；其政察察，其民缺缺[2]。

禍兮，福之所倚；福兮，禍之所伏。孰知其極？其無正也[3]。正復為奇，善復為妖[4]。人之迷，其日固久。

是以聖人方而不割[5]，廉而不劌[6]，直而不肆[7]，光而不耀[8]。

▣ 譯文

政治寬宏，人民就淳樸；政治苛酷，人民就狡猾。

災禍啊，幸福倚傍在它的旁邊；幸福啊，災禍藏伏在它的裏面。誰能知道究竟是災禍還是幸福呢？實在沒有定準！正忽而轉變成邪，善忽而轉變成惡。人們的迷惑，由來已久了！

因此，有道的人方正而不生硬，有棱角而不傷害人，直率而不放肆，光亮而不閃耀刺眼。

▣ 評析

在這一章裏，老子論述政治、社會、人生方面的問題，反映了他的深刻的辯證法思想。在老子看來，任何事物都是矛盾雙方的對立統

---

1 悶悶：昏昏昧昧的狀態，含有寬鉅集淳厚的意思。淳淳：純厚忠誠。
2 察察：嚴苛；缺缺，狡猾，不滿意，抱怨。
3 其無正也：這裏的「正」字，是標準，定準的意思。
4 正復為奇，善復為妖：「正」，方正；「奇」，邪，反常；「善」，善良；「妖」，妖孽，邪惡。這兩句話的意思是，正的變為邪的，善的變成惡的。
5 方而不割：方正而不割傷人。
6 廉而不劌：「廉」，銳利；「劌」，劃傷。這句話的意思是，銳利而不割傷人。
7 直而不肆：直率而不放肆。
8 光而不耀：光亮而不閃耀刺眼。形容統治者雖身居高位，卻不咄咄逼人。

一，對立統一，是事物處於平衡狀態，保持平衡，事物才能正常發展。若是打破平衡，對立的一方就會向另一方轉化，事物的性質就發生了變化，也就不能沿著原先的常規向前發展了，「正復為奇，善復為妖」，就是這種情況。因此，「聖人方而不割，廉而不劌，直而不肆，光而不耀」，也就是說，「聖人」處理任何事情，都不帶有片面性，不為過甚，適可而止，這樣就會把事情辦好，而不至於把事情辦壞。當今之世，人們痛感自然界生態平衡被破壞的嚴重性，呼籲並致力於恢復自然界的生態平衡。讀老子這一章，能不獲得深刻的教益嗎？

五十九章

一 題解

　　這一章，講的治國養生的原則和方法，強調不斷「積德」的重要。老子認為，「嗇」的原則，並不是專指對財物的愛惜，更多的則是指在精神上注意積蓄、養護，厚藏根基，培植力量。精神上的「嗇」，表現為「德」的積纍，只有「德」深厚，才能達到維護國家長治久安和保持生命長久的目的。反之，國家內亂四起，人民怨聲載道，也就是「無德」，「無德」只能喪失國家。

　　治人事天1，莫若嗇2。

　　夫唯嗇，是謂早服3。

　　早服謂之重積德4；重積德則無不克；無不克則莫知其極；莫知其極，可以有國。

1　事天：「天」有兩種意思，一是指自然；二是指身心。這裏作身心解。「事天」，即保守精氣，養護身心。

2　嗇：吝嗇。「嗇」是老子哲學思想中的重要概念。此處是指愛惜保養精神。

3　早服：「服」通「備」。早服，早做準備。

4　重積德：不斷地積德。

有國之母[5]，可以長久。

是謂深根固柢，長生久視之道[6]。

三 譯文

治理國家和養護身心，沒有比愛惜精力更重要的了。

愛惜精力，就叫早作準備；

早作準備，就叫不斷地積「德」；不斷地積「德」，就沒有什麼不能勝任的；沒有什麼不能勝任，就具有無法估量的力量；具有無法估量的力量，就可以擔負治理國家的重任。

有了治理國家的原則，統治就可以長久維持。

這就是根紮得深，柢生得牢，是長久生存之道。

三 評析

在這一章裏，老子論述治國與養生的原則和方法，在於「嗇」，沒有比「嗇」更好的了。「嗇」，也就是「儉」。老子在六十七章裏說：「我有三寶，持而保之：一曰慈，二曰儉，三曰不敢為天下先。」可見老子多麼看重「儉」，也就是「嗇」。就治國而言，「嗇」就是愛惜國家財物，愛惜民力，國家才能長治久安。後世的秦始皇與隋煬帝，是最不愛惜國家財物和民力的統治者，所以他們的國家很快就滅亡

5　母：根本，原則。

6　長生久視：久視，即久立的意思。這句話的意思是，長久維持，長久存在。

了。就養生而言，「嗇」就是積蓄和養護精力，也就是「積德」，「積德」就符合「道」，生命就能順任自然規律，長久生存。老子運用哲學思想，將治國與養生並論，突出「嗇」的重要意義，這是他的學說不同於先秦其它諸子學說的顯著特徵之一。

六十章

■ 題解

　　這一章，講的治國的道理，首先作了一個比喻，「治大國，若烹小鮮」，意思是說，大國的統治者治理國家，要像煎小魚那樣，不要常常翻弄，以免把魚肉弄碎了。這就是說統治者治理國家，不要頻繁地改變政令，以免百姓深受其害。接著講以「道」治天下，外在的力量就不至於危害百姓，「聖人」（統治者）也不至於危害百姓。兩不危害，百姓就會享受「德」澤，各遂其生而相安無事。老子再三強調「無為」政治，表現了他對當時虐政害民的統治者的深惡痛絕，寄希望於實行「無為」政治的「聖人」。

　　治大國，若烹小鮮[1]，

　　以道蒞天下，其鬼不神[2]。

1　小鮮：小魚。

2　其鬼不神：古人常以陰陽二氣順和來說明國泰民安，陰氣過盛稱為「鬼」。在這裏，「鬼」是喻指國家的壞人胡作妄為和社會上的歪風邪氣。「神」，這裏當「伸」義解，即起作用。這句話的意思是，「鬼」不起作用。陰氣過盛而起作用即為「鬼神」，否認了有意志的鬼神存在，這是古代的樸素的唯物主義觀點。

非其鬼不神，其神不傷人。

非其神不傷人，聖人亦不傷人。

夫兩不相傷³，故德交歸焉⁴。

📄 譯文

治理大國不能頻繁改變政令，就像煎小魚一樣不能頻頻翻弄。

用「道」來治理天下，「鬼」不起作用。

這不是「鬼」不起作用，而是「鬼」的作用不傷害人。

非但「鬼」的作用不傷害人，有道的「聖人」也不傷害人。

這樣，「鬼」和有道的「聖人」都不傷害人，所以兩方面都能使百姓享受「德」澤而安然無事。

📄 評析

在這一章裏，老子論述治國之道，以「治大國，若烹小鮮」作比喻，富含有深刻的哲理。歷史上的統治者，憑藉自己手中所掌握的權力。隨心所欲，朝令夕改，弄得百姓深受其害，苦不堪言，是常有的事。所以，老子的這個比喻，有著很強的針對性。「治大國，若烹小鮮」，這兩句話流傳很廣、很久遠，深刻地影響了中國兩千年來的政治家，乃至影響到了全世界的政治家。當代中國有位領導人在自己的

---

3 兩不相傷：指「鬼」不傷害人，有道的「聖人」執政，對人民也沒有傷害。
4 故德交歸焉：指「鬼」和有道的「聖人」都不危害人民，讓人民享受「德」澤。

著作中，也曾引用過老子書裏的話：「禍兮，福之所倚；福兮，禍之所伏」，但對「治大國，若烹小鮮」，卻理解不透。新中國成立後，他發動了一次又一次的政治運六動，今天鬥這批人，明天鬥那批人，後天又鬥另一批人，特別是他發動十的「文化大革命」，造成全國十年動亂，全國因此受害而死者達兩千多萬章人，經濟遭到嚴重破壞，瀕臨崩潰的邊緣，而他至死還認為對「文化大革命」要三、七開，七分成績，三分缺點，絕對不容許別人把缺點說多了，更不容許別人否定「文化大革命」。但 20 世紀 90 年代初，美國就有一位總統，在一次發表施政演說時，引用了中國老子書中的話：「治大國，若烹小鮮」，說明自己的施政方針。由此可見，老子的這個比喻，至今仍不失借鑒意義。

六十一章

■ 題解

　　這一章,講的是如何處理好大國與小國之間的關係,表達了老子的政治主張。在老子看來,大小國家能否和平相處,關鍵在於大國,所以一再強調大國要謙下,不可以強大而凌辱、欺壓、侵略小國。

　　大邦者下流[1],天下之交也[2],天下之牝,

　　牝常以靜勝牡,以靜為下。

　　故大邦以下小邦,則取小邦;小邦以下大邦,則取大邦。

　　故或下以取,或下而取[3]。

　　大邦不過欲兼畜人[4],小邦不過欲入事人。

1　大邦者下流:這句話的意思是,大國要像居於江河的下游那樣,處於容納百川流歸大海的地位。

2　天下之交也:交,會集,匯總。指天下江河交匯的地方。這裏的意思是指眾多小國歸附大國。

3　或下以取,或下而取:這兩句的意義不同。前面的「取」,是指大國取得小的信賴;後面的「取」,是指小國見容於大國,取得大國的信任之意。

4　兼畜人:兼,聚集,聚會;畜,蓄集,蓄養,飼養。「兼畜人」,即指把人集聚起來,加以養護,意思就是統治。

夫兩者各得其所欲，大者宜為下。

目 譯文

大國要像居於江海下游那樣，使天下百川交匯於此，居於天下雌柔的位置。

而雌柔常以安靜勝過雄強，這是因為安靜居於下的緣故。

所以，大國對小國謙下，就可以取得小國的信賴；小要對大國謙下，就可以見容於大國。

所以，大國要以謙下取得小國的信賴，小國要以謙下見容於大國。

大國不要過分想統治小國，小國不要過分想奉承大國。

大國小國都各自達到願望，大國特別應該謙下。

目 評析

在這一章裏，老子論述大國與小國之間的關係，提出了各國應該和平相處的政治主張，是有很強的針對性的。老子生活的春秋末期，各諸侯國之間的兼併戰爭頻頻發生，大國更是經常侵略小國，給百姓造成深重災難。所以，他反對這樣的戰爭，宣導各國應該和平相處，希望大國要像大海那樣，謙居下游，天下才能交相歸；小國也要謙下，見容於大國。在老子看來，小國謙下容易，大國謙下則難，所以他在本章的一開頭就說：「大邦者下流」，在本章的結尾又說：「大者

宜為下」，可以說是特別強調，反覆告誡大國統治者。

六十二章

■ 題解

　　這一章，論述「道」與人的關係，再次宣揚了「道」的好處和作用。老子認為，清靜無為的「道」，不但是善人的法寶，就是不善的人也必須保有它。因為「道」可以有求必應，罪過也可以免除。正因為「道」有如此效應，天子即位時與其舉行拱璧在先駟馬在後的隆重獻奉儀式，倒不如進奉「道」為好。當然這只是從字面上理解，更深一層的意思是，所謂「求以得」，「有罪以免邪」，並不是老子故意把「道」神秘化，人格化，不是要世人像對待神祇那樣去供奉「道」，而是要天下所有的人都應該具有「道」，而位於人民之上的君主不光自己應該有「道」，同時還應該施行「無為」之政。

　　道者，萬物之奧[1]，善人之寶，不善人之所保[2]。

1　奧：有兩種意思：一、深，不被人看見的地方；二、藏，含有庇蔭之意。
2　不善人之所保：不善良的人也要保持。

美言可以市尊³，美行可以加人⁴。人之不善，何棄之有？故立天子，置三公⁵，雖有拱璧以先駟馬⁶，不如坐進此道⁷。

古之所以貴此道者何？不曰：求以得，有罪以免邪⁸？故為天下貴。

三 譯文

「道」是萬物的庇蔭者，善人珍貴它，不善的人也要保持它。

優美的言辭可以得到別人的尊重，良好的行為可以見重於人。不善的人怎能捨棄他呢？所以天子即位，設置三公，雖然有拱璧在先駟馬在後的獻禮儀式，還不如獻奉「道」為好。

自古以來，人們為什麼對「道」如此重視呢？豈不是說有求即能獲得，有罪就可以免除嗎？這就是天下人重視「道」的緣故。

三 評析

在這一章裏，老子論述「道」對人的好處與作用。認為「道」既是善人的法寶，保護善人；也不拋棄不善之人，可以免除其罪過。

---

3 美言可以市尊：美好的言詞可以博取別人的敬仰。
4 美行可以加人：良好的行為可以見重於人。
5 三公：太師、太傅、太保。
6 拱璧以先駟馬：「拱璧」，指雙手捧著貴重的玉；「駟馬」，四匹馬駕的車。古代獻奉的禮儀，拱璧在先，駟馬在後。
7 坐進此道：獻奉清靜無為的「道」。
8 有罪以免邪：這句話正是對前面「不善人之所保」所作的說明。意思是，有罪的人得到「道」都可以免罪，所以不善的人也要保持「道」。

在老子看來，善人一心向「道」，可以求善得善；若是不善之人也一心向「道」，則可以免除罪過，改惡從善。問題的關鍵，在於不善之人是不是有心向「道」，若是不善之人無心向「道」，那就不是「道」拋棄不善之人，而是不善之人拒絕接受「道」的好處與作用。

六十三章

■ 題解

　　這一章，闡述了人們行事的一些基本原則及按這些原則行事就能成功的道理，表現了老子「無為」的處世哲學。老子認為，要想有所作為，就必須採取順應自然的態度；要想做成事，就必須不滋生事端；要想生活有興味，就必須恬淡清靜。反過來說，如果為所欲為，無事生非，終日美味佳餚，就不可能有所作為，也不可能做成事情，不可能品嘗出味的美惡。老子還提醒人們注意：做任何事情，都是由小到大，由少到多，由易到難的。多寓於少，大寓於小，難藏於易，所以有「道」的人處理事務，總是從細易著手，從而完成大難。如果把事情看得容易，就會遇到更多更大的困難。這些見解是符合辯證法的，是可取的。

　　為無為，事無事，味無味[1]。

1　為無為，事無事，味無味：這三句話的意思是，把無為當作為，把無事當作事，把無味當作味。

大小多少[2]，報怨以德[3]。

圖難於其易，為大於其細。天下難事，必作於易；天下大事，必作於細。

是以聖人終不為大[4]，故能成其大。

夫輕諾必寡信，多易必多難。

是以聖人猶難之，故終無難矣。

▤ 譯文

以「無為」的態度去有所作為，以不滋事的方法去處理事務，以恬淡無味去品嘗有味。

大生於小，多起於少。

處理困難要從容易入手，實現遠大要從細微開始。天下的難事，必定是從容易開始；天下的大事，必定是從細微開始。

因此，有「道」的「聖人」始終不自以為大，所以才能做成大事。

輕易允諾，勢必喪失信用，把事情看得太容易，勢必困難更多。

---

2 大小多少：歷來注家解釋不一。主要看法是：一、大生於小，多生於少；二、大的看作小，小的看作大，多的看作少，少的看作多；三、去其大，取其小，去其多，取其少。「聖人」去功名，即是去其大和多，而取其小和少。這說明有「道」的人對待功名利祿的態度與常人不同。根據下文，此處取大生於小，多起於少之說。

3 報怨以德：此句文意與上下文不相關聯，這句話當移至七十九章「必有餘怨」句下。此處不譯。

4 不為大：是說有「道」的人不自以為大。

因此，有「道」的「聖人」遇到事情總是重視困難，所以終究沒有困難了。

目 評析

在這一章裏，老子論述「無為」的處世哲學，值得注意的有三點：其一，老子認為，為人處世，要順應自然，遵循事物發展的客觀規律，「為無為，事無事，味無味」；其二，老子認為，為人處世，要懂得大與小、多與少、難與易之間的關係，要「圖難於其易，為大於其細」，這樣才容易辦成事情。以上兩點，正如有的學者所說，老子的人生哲學和政治哲學，來自人間，來自人們的日常生活，言簡義明，一點也不虛玄，容易為人們所接受。其三，老子講大與小、多與少、難與易之間的關係，涉及量變問題，可惜沒有進一步講量變引起質變，出現質的飛躍。這是老子辯證法思想的重大缺點之一。

六十四章

■ 題解

　　這一章，描述了事物變化發展的辯證法，闡述了處世為人的指導思想。這一章的開頭部分，講的是消除禍患之道，在防於未然，治於未亂。老子認為，大的事物，總是從小的東西發展起來的，任何事物的出現，總有自身形成、變化、發展的過程。從而喻示社會政治禍患發生之前，就應該加以預防，治理。

　　緊接著，從「大生於小」的觀點出發，老子進一步闡述了事物變化發展的規律，說明「合抱之木」、「九層之臺」、「千里之行」的遠大事情，是從「生於毫末」、「起於累土」、「始於足下」開端的，告誡人們：無論做什麼事情，都必須具有堅強的毅力和持之以恆的決心，善始善終，才能做好遠大的事情。

　　其安易持，其未兆易謀；
　　其脆易泮[1]，其微易散。

1　其脆易泮：脆弱的東西容易消解。「泮」，散，解。

為之於未有，治之於未亂。

合抱之木，生於毫末；

九層之臺，起於累土[2]；

千里之行，始於足下。

為者敗之，執者失之[3]。

是以聖人無為故無敗，無執故無失。

民之從事，常於幾成而敗之。

慎終如始，則無敗事。

是以聖人欲不欲，不貴難得之貨；學不學[4]，復眾人之所過，以輔萬物之自然而不敢為。

🗒 譯文

局面安定時容易維持，事變沒有出現跡象時容易圖謀；

事物脆弱時容易消解，事物細微時容易消散。

要在事故沒有發生之前就處理妥當，要在禍亂沒有產生之前就加以治理。

合抱的大樹，是從細小的萌芽長起來的；

九層的高臺，是從一堆泥土建築起來的；

2　累土：有兩種解釋：一、低土，窪土；二、堆土，一筐土，一堆土。此從後者。

3　為者敗之，執者失之：這兩句見於二十九章，疑為錯簡於此；後面的「是以聖人無為故無敗，無執故無失」，亦疑為二十九章錯簡於此。

4　學：這裏指辦事有錯的教訓。

千里的遠行，是從腳下第一步開始走出來的。

辦事出於強力妄為必定失敗，出於私利操縱把持權力必然失去權力。

因此，有「道」的「聖人」不依靠強力妄為，所以不會失敗；不出於私利硬要操縱把持權力，所以不會失去權力。

人們做事情，往往在快要成功的時候失敗。

所以當事情快完成的時候，也要像開始那樣慎重，就不會把事情做壞了。

因此，有「道」的「聖人」想別人所不想的，不貪求難得的物品；學習別人所沒有學習過的教訓，補救眾人所經常犯的過錯。這樣就可以輔助萬物的自然發展而不會妄加干預。

目 評析

在這一章裏，老子論述事物變化發展的辯證法，意在說明由小見大的道理，曉喻人們：其一，要見微知著，防微杜漸，把禍患消除在未發生之前。其二，圖謀大事，要從小事做起，因為任何大的東西，無不是從細小的東西發展而來的。圖謀大事，要有毅力和恒心，堅持不懈地努力去做，慎終如始，必能成就大事。老子在這一章裏所說的一番話：「合抱之木，生於毫末；九層之臺，起於累土；千里之行，始於足下」，已成為兩千多年來中華民族有志之士圖謀大事、成就大事的人生格言。

六十五章

▌ 題解

　　這一章講的是為政的原則。老子認為，為政如何，關係到國家的禍福。依照自然法則為政，就叫「玄德」，「玄德」深遠，人與物都返樸歸真，就能達到和順境界。這一原則，後人普遍誤解成老子主張愚民政策。其實老子不是不要人民聰明，並不是要使人愚昧無知，而是說善為「道」的人，不要叫人民明於智巧偽詐，而要叫人民純真樸實，即「愚」。在老子看來，人民所以難治，在於他們智巧心機多，所以統治者不能用智巧心機治國。老子提出的原則和主張是有感於當時世亂，人們相互攻心鬥智，競相偽詐，針對時弊而矯枉的。不過，從字面上看，老子的原則和主張容易被誤解，而統治者也確實把它做「愚民」政策，加以施行。

　　古之善為道者，非以明民[1]，將以愚之[2]。

1　明民：「明」，知曉巧詐。「明民」讓人民知曉巧詐。
2　將以愚之：「愚」，敦厚，樸實無巧詐之心。這句話的意思是，使老百姓無巧詐之心，敦厚樸實。

民之難治，以其智多[3]。

故以智治國，國之賊[4]；不以智治國。國之福。

知此兩者，亦稽式[5]。常知稽式，是謂玄德。

玄德深矣，遠矣，與物反矣[6]，然後乃至大順[7]。

▤ 譯文

從前善於行「道」的人，不是教導人民知曉智巧偽詐，而是教導人民淳厚樸實。

人民之所以難以統治，是由於他們智巧心機多。

所以用智巧心機治理國家，必然危害國家；不用智巧心機治理國家，才是國家的幸福。

認識這兩種治國方式的差別，就是一個法則。經常認識這個法則，就叫「玄德」。

「玄德」又深又遠，使人和物都復歸真樸，然後才完全符合「道」。

3　智多：多智巧偽詐。

4　賊：傷害的意思。

5　稽式：又作「楷式」，即法式，法則。

6　與物反矣：指「德」使人與物都返樸歸真。「反」有兩種解釋：一、相反，即具體的事物與「德」的本性相反；二、當返、復歸義解，即「德」使人與物都返歸於真樸。這裏取後說。

7　大順：自然。引申為與「道」的原則完全符合。

📋 評析

在這一章裏，老子論述為政的原則，所言「非以明民，將以愚之」，「民之難治，以其智多」，從文字的表面意思看，誠如有人認為的那樣，是向統治者獻「愚民」之策，而此後兩千多年，封建統治者也確實把它當作愚民政策加以施行，老子對此雖難辭其咎，但也未免冤枉，這是客觀社會效果與老子主觀願望相背離所致。老子的本意不是主張實行愚民政策，在「題解」中已作說明，不再重複。這裏再舉一例子，說明「將以愚之」並非愚民之意。在二十章裏，老子說：「我愚人之心也哉」，聯繫這句話的前後文來看，這裏所說的「愚人之心」，是指淳厚質樸之心，而非指愚笨、愚蠢之心，並且還懂得以養育萬物之母的「道」為貴，何愚之有？

六十六章

■ 題解

　　這一章，講的是「不爭」的政治哲學，表現了老子的社會理想，反映了農民小生產者的願望，統治者是理想的「聖人」。老子認為，統治者應該處下居後，這樣才能對人民寬厚包容，這就像居處下游的江海能包容百川之水那樣。老子深切地感到，握有權柄、高高在上的統治者，時刻給居於下、處於後的人民造成威脅和重壓，因為他們具有使用權力和武力的條件，一旦他們肆意妄為，人民就不堪苦累了。在老子看來，「聖人」為政，則會謙讓居下，不與民爭利，以「不爭」得到人民的信服和擁戴。正因為「聖人」不爭，天下才沒有人與他爭。反之，如果統治者事事處於人民之前，見利就爭，必然給人民帶來無窮的損害和災難，人民當然不會擁戴這樣貪昏的君主，勢必起來造反，推翻其統治。

　　江海之所以能為百谷之王[1]，以其善下之，故能為百谷王。

　　是以聖人欲上民，必以言下之；欲先民，必以身後之。

1　百谷王：百川所歸往。

是以聖人處上而民不重[2]，處前而民不害。

六是以天下樂推而不厭。

與其不爭，故天下莫能與之爭。

▤ 譯文

江海之所以能成為一切河川流水所歸往的總匯，是因為它善於處在一切河流下游，所以能成為一切河川流水所歸往的總匯。

因此，為政者要想統治人民，必須用言詞對人民表示謙下；要想成為人民的領導，必須把自己的利益放在人民之後。

因此，有「道」的人雖然地位居於統治人民之上，卻使人民不感到負擔沉重；居於領導人民之前，而人民不感到有所妨害。

因此，天下的人民樂於擁戴「聖人」而不厭棄他。

因為「聖人」不同人民爭，所以天下沒有人能和他爭。

▤ 評析

在這一章裏，老子論述的「不爭」的政治哲學，有學者認為是為統治者出謀劃策，用一套權術統治人民；也有學者認為是向統治者建言，希望統治者順應民心，成為人們理想中的「聖人」。後者的觀點，筆者認為較合理，符合老子的本意和歷史情況。老子一貫主張，統治者要順應自然，無為而治，不要對老百姓妄加干預，而讓他們自

2　重：累，不堪。引申為壓迫，負擔。「民不重」，指人民不感到負擔沉重。

作自息，自由自在地生活。而「聖人」統治，則反映了農民小生產者的思想願望。中外歷史都證明，農民作為小生產者，他們不能自己代表自己，一定要由別人來代表他們，而且代表他們的人一定要成為他們的主宰者，是高高站在他們上面的權威，手中握有無限的權力，這種權力能夠保護他們的利益不受侵犯，能夠給他們帶來恩惠。老子作為兩千多年前的思想家，能夠看到百姓的疾苦，想到百姓的利益，反映農民小生產者的思想願望，建言統治者不要危害百姓，而要顧及百姓利益，做人們理想中的「聖人」，應該說是一位很進步的思想家了。

六十七章

■ 題解

　　這一章，先講「道」的偉大，次講「道」和「德」在政治、軍事方面的具體運用。老子認為，「道」有三條原則，即三寶，也就是三種「德」：「慈」、「儉」、「不敢為天下先」。有「道」的人運用這三條原則，能取得非常好的效果；捨棄這三條原則，則會走向死亡。值得注意的是，在三條原則中，老子特別強調「慈」，是由於他身處亂世，目睹暴力的殘酷和紛爭的醜惡，深深地感到人與人之間太缺乏慈愛之心，所以竭力宣揚「慈」。

　　天下皆謂我道大[1]，似不肖[2]。
　　夫唯大，故似不肖。
　　若肖，久矣其細也夫！
　　我有三寶[3]，持而保之：

1　我道：我即「道」，「道」即我。「我」不是老子自稱之詞。
2　似不肖：肖，像，相似。「似不肖」，不像具體的事物。
3　我有三寶：即「道」有三件法寶，「道」有三條原則，亦即「道」有三「德」。

一曰慈，二曰儉[4]，三曰不敢為天下先。

慈故能勇[5]，儉故能廣[6]，不敢為天下先，故能成器長[7]。

今舍慈且勇，舍儉且廣，舍後且先，死矣。

夫慈，以戰則勝，以守則固。

天將救之，以慈衛之。

■ 譯文

天下人都說「我道」廣大，不像任何具體的東西。

正因為它廣大，所以不像任何具體的東西。

如果它像什麼具體的東西，那麼「道」早就顯得渺小了。

我有三件法寶，掌握並且保全它們：

第一件是慈愛，第二件是儉嗇，第三件是不敢有所為於天下人之先。

慈愛所以能勇武，儉嗇所以能寬廣，不敢有所為於天下人之先，所以能成為天下萬人的首長。

現在捨棄慈愛而求勇武，捨棄儉嗇而求寬廣，捨棄退讓而求爭先，結果是走向死亡。

4　儉：嗇，吝嗇，保守。這裏引申為有而不盡用。與五十九章「嗇」義同。
5　慈故能勇：仁慈所以能敢為，能勇武。
6　儉故能廣：儉嗇所以能寬廣。
7　器長：「器」，指萬物，亦指人。「器長」即萬物之首長。

慈愛，用它來征戰就能勝利，用它來守禦就能鞏固。

天要救助誰，就用慈愛來衛護誰。

▤ 評析

在這一章裏，老子論述的內容，包含著三層意思：一是講述「道」的偉大；二是講述「道」有三寶即三種德性；三是講述三寶在政治、軍事方面的妙用。這一章的內容再次說明，老子的哲學思想是與政治思想密切相關的，哲學是適應政治的需要，為政治服務的。

六十八章

■ 題解

　　這一章，講的是用兵之道，反映了老子的辯證法思想在軍事方面的運用。老子認為，不逞勇武，不輕易發怒，不正面衝突，充分發揮人的才智慧力，以不爭達到爭的目的，這是符合自然法則的。軍事上如此，人生亦然。遇事不逞強好勝，不輕易發怒，不與別人正面衝突，態度謙下，表現出不爭的德性，辦事就會容易成功，避免失敗。

> 善為士者[1]，不武；
> 善戰者，不怒；
> 善勝敵者，不與[2]；
> 善用人者，為之下。
> 是謂不爭之德，是謂用人之力，
> 是謂配天古之極[3]。

1　善為士者：「士」，即武士，這裏指將帥。這句話的意思是，善於作將帥的人。
2　不與：應付，對付。這裏引申為不對戰，不正面衝突。
3　配天古之極：符合自然法則。「古」字為衍文。

📖 譯文

善於作將帥的人，不妄逞勇武；

善於作戰的人，不輕易被敵人激怒；

善於戰勝敵人的人，不與敵人正面硬拼；

善於用人的人，態度謙下。這叫做不爭之「德」，這叫做運用別人的能力，這叫做符合自然法則。

📖 評析

在這一章裏，老子論述軍事戰略戰術原則，體現了他的辯證法思想。有的學者以這一章為根據，並擴展到其它篇章，就認為老子的《道德經》是一部兵書，這種觀點是不能說服人的。其實，老子在這裏只是運用他的辯證法思想，對軍事戰略戰術原則作了極其簡明論述，同時還論及人生，而非專論軍事。若將《道德經》與《孫子兵法》對比閱讀，就可以看出，後者論軍事戰略戰術原則，講作戰方針方法，全面、系統、深刻，反映出軍事辯證法是一門博大精深的學問，才是真正的兵書。因為老子是思想家，具有深邃的智慧和卓越的見解，所以他運用辯證法思想論述的軍事戰略戰術原則，對軍事將帥是有重要參考意義的。

六十九章

■ 題解

　　這一章,雖然講的是用兵作戰的方針和方法,但用意不僅僅是談「兵」,而是闡釋更具普遍性的「道」,是老子的謙退忍讓,無為靜柔的哲學思想在軍事理論上的運用。老子主張,戰爭以守為主,以守取勝。這個主張既是老子以退為進的處世哲學在戰爭上的運用,也表現了老子的反戰思想。因為有以退為進和反戰思想,當然不會想到要發動戰爭,進攻他國。敵國進攻,被迫應戰,不得不如此。這個主張是不全面的。要取得戰爭勝利,不能單純地守,而要該攻則攻。老子提出,用兵作戰,輕敵是最大的禍患;兩軍抗衡,哀兵必勝,這兩條見解是有合理性的。

　　用兵有言:「吾不敢為主,而為客[1];不敢進寸,而退尺。」

1　吾不敢為主,而為客:「主」,戰爭的主動進攻,攻勢;「客」,戰爭時的防守,守勢。這兩句話的意思是,我不敢主動進攻,而寧願採取守勢。

是謂行無行，攘無臂，扔無敵，執無兵[2]。

禍莫大於輕敵，輕敵幾喪吾寶。

故抗兵相若[3]，哀者勝矣。

■ 譯文

用兵的人曾說過：「我不敢主動採取攻勢，而寧願採取守勢；不敢前進一寸，而寧願後退一尺。」

這就是說：雖然已布有陣勢，卻像沒有陣勢可擺的樣子；雖然要奮臂進擊，卻像沒有臂膀可舉的樣子；雖然面對敵人準備作戰，卻像沒有敵人可以對打的樣子；雖然手持兵器，卻像沒有兵器可持的樣子。

禍患沒有比輕敵更大的了，輕敵幾乎喪失了我的「三寶」。

所以兩軍對陣，兵力相當時，悲哀的一方可以獲得勝利。

■ 評析

在這一章裏，老子運用哲學思想論述軍事問題，表現了他的反戰思想，是有其時代背景的。老子生活的春秋時代，諸侯爭霸，各國互相攻伐，戰爭連年不斷，人民群眾苦不堪言。在老子看來，各諸侯國

---

2 行無行，攘無臂，扔無敵，執無兵：「行無行」，雖然布有陣勢，卻像沒有陣勢可擺的樣子；「攘無臂」，雖然要振臂奮進，卻像沒有臂膀可舉的樣子；「扔無敵」，雖然面對強敵，卻像什麼敵人也沒有的樣子；「執無兵」，雖然有兵器在手，卻像沒有兵器可持的樣子。

3 抗兵相若：兩軍對陣，兵力相當的意思。

的統治者們若都能採取以守為主，以守取勝的戰略方針，不主動發動戰爭，不去進攻他國，連年不斷的戰爭就可以停止，人民群眾就可以免受戰爭之苦了。老子的用心可謂良苦，可惜各諸侯國的統治者們並不聽他的。

七十章

──

■ 題解

　　這一章，老子講自己的理論，不被統治階級瞭解和實行，流露出失望的情緒。他認為自己的理論很容易瞭解，很容易實行，天下竟沒有人能瞭解，竟沒有人能實行。在本書各有關章裏，老子提出一系列理論觀點和政治主張，為統治者提供治世方案，所以，這裏的「人」，應該認為是指統治階級。老子不懂得，理論不適合統治階級的統治需要，不能為統治階級的利益服務，統治者是不會瞭解，也是不會實行的。相反，理論適合他們的需要，能為他們的利益服務，他們不但能瞭解，能實行；而且還會強迫人們接受，強迫人們實行。當時的統治階級逝去已經兩千多年，而老子的理論流傳至今，瞭解的人越來越多，何須歎「知我者希」？

　　吾言甚易知，甚易行。
　　天下莫能知，莫能行。
　　言有宗，事有君[1]。

──

1　言有宗，事有君：言論有宗旨，行事有原則根據。「君」，原則，根據，根本。

夫唯無知[2]，是以不我知。

知我者希，則我者貴[3]。

是以聖人被褐而懷玉[4]。

譯文

我的話很容易瞭解，很容易施行。

天下竟沒有人能瞭解，竟沒有人能施行。

言論有主旨，行事有根據。

由於人們不瞭解這個道理，所以不瞭解我。

能瞭解我的人很少，能取法於我的人就更難得了。

因而有「道」的人總是穿著粗布衣服，懷有知識才能而難以施展。

評析

在這一章裏，老子概歎自己的理論不被統治階級瞭解和實行，頗有懷才不遇、曲高和寡的苦悶。由此看來，老子並不明智。縱觀《道德經》全書，老子的理論最顯著、最突出的特點是：一、具有豐富而

2 無知：指別人不能理解；或指自己無知。
3 則我者貴：則，法則，效法。這句話的意思是，能夠效法於我的人更難得了。
4 被褐而懷玉：「被」，穿，著；「褐」，粗布衣服，古代貧苦人的衣著；「玉」，美玉。這裏引申為知識和才能。

深刻的樸素的唯物主義思想和樸素的辯證法思想，從根本上否定了宇宙間有主宰一切的神的存在，從而也就根本否定了人世間有主宰一切的神授君權。二、告誡統治者要順應自然，遵循客觀規律，實行「無為而治」，讓百姓們自作自息；否則，違背客觀規律，強作妄為，危害百姓，是不會有好下場的。三、對統治者嚴苛的政治壓迫和殘酷的經濟剝削，進行了嚴厲的譴責，表示了強烈的憤慨。四、對於百姓被壓迫被剝削的苦難生活，寄予了深切的同情，在一定程度上反映了百姓的願望和呼聲。正是因為老子的理論有這樣四個特點，所以不但當時的統治階級不願意瞭解和實行他的理論，而且後世歷代統治階級都不願意瞭解和實行他的理論。相反，孔子的理論，其特點是：尊君卑臣，貴官賤民，能適應統治階級維護宗法等級秩序的政治需要，能為統治階級的利益服務，儘管孔子在世時，統治階級沒有採納和實行他的理論，但在漢武帝獨尊儒術、罷黜百家之後，歷代統治者都是奉行孔子理論的。所以，魯迅說：「孔夫子曾經計劃過出色的治國方法，但那都是為了治民眾者，即為權勢者設想的方法，為民眾本身的，卻一點也沒有。」由於老子與孔子對待君民的態度不同，所以歷代統治者對待老子與孔子的態度也就不同。

七十一章

■ 題解

　　這一章，講的是人應該有自知之明。在自知之明的問題上，中外古代哲人都有非常相似的觀點。孔子說：「知之為知之，不知為不知，是知也。」蘇格拉底說：「我比別人聰明一點，因為我知道自己愚蠢，而別人不知道自己愚蠢。」在社會生活中，有的人總是自以為知，不懂裝懂，裝腔作勢，擺出一付知之甚多，無所不知的架勢；有的人根本一無所知，卻憑藉權勢地位，自視為當然的知者，招搖過市，行騙欺人；有的人一知半解，卻強不知以為知，只知道事物的皮毛，就自詡洞察事物的真諦，凡此種種，老子均稱為「病」。犯這種病，必然謬妄百出，為智者所不恥，而究其病根，乃來源於逞能好強，性智虛妄。在老子看來，真正有「道」的人，即使對已知的事物，也不輕易斷定，而是把已知當做無知，不斷探索事物的真象。因此說，在求知的過程中，以「知不知，尚矣」的態度，誠實地對待自我，正確地認識和對待自身的缺點和毛病，不斷地在認識外界事物的過程中加強自我，完善自我，才是最重要的。唯有如此，才能真正做

到自知之明，達到「不病」的境界。

> 知不知[1]，尚矣；
>
> 不知知，病也[2]。
>
> 聖人不病，以其病病。
>
> 夫唯病病，是以不病。

▣ 譯文

知道自己還有所不知，這是很高明的；

不知道卻以為知道，這就是缺點。

有「道」的人沒有缺點，因為他把缺點當做缺點。

正因為他把缺點當做缺點，所以他沒有缺點。

▣ 評析

在這一章裏，老子論述人應該有自知之明，言簡義明，道理很容易懂。老子是一位很注重實際的思想家，他的這番話，可能是有感而發的。也許，當時的人們，普遍缺乏自知之明，自以為是，文過飾非，胡作妄為，敗事害人，比比皆是，所以老子有針對性地說了這番話，希望人們像「聖人」那樣，知道自身的毛病，加以克服，使毛病不再存在。鑒古觀今，我們讀老子這一章，能獲得些什麼教益呢？

1 　知不知：通常有兩種解釋：一、知道卻不以為知道；二、知道自己有所不知。今譯取後說。

2 　不知知：不知道卻以為知道；病：毛病，缺點。

七十二章

■ 題解

　　這一章，講的是統治者要有自知之明，對待人民要寬厚，警告統治者不要實施暴政，表達了老子的政治觀點，反對高壓政治，反映了人民的願望。老子認為，人民一旦不畏懼統治者的淫威，可怕的禍亂就要發生了。聰明的統治者出於自知、自愛，不自居高貴，不自我顯示權力而實行高壓政治，就不會遭到人民的反對。

　　民不畏威¹，則大威至²。
　　無狎³其所居，無厭⁴其所生。
　　夫唯不厭，是以不厭。
　　是以聖人自知不自見⁵，自愛不自貴。

1　不畏威：不怕威迫，不怕威壓，指百姓不畏懼統治者的高壓政策。
2　大威：指可怕的事情，借指禍亂。
3　無狎：「狎」字假借「狹」，即逼迫，壓迫。無狎，不要逼迫的意思。
4　無厭：「厭」，阻塞，壓迫。「無厭」即不要壓迫的意思。
5　不自見：不自我表現，不自我顯示。

故去彼取此[6]。

📖 譯文

當人民不畏懼統治者的威壓時，那麼可怕的禍亂就要發生了。

不要逼迫人民不得安居，不要阻塞人民謀生的道路。

只有不壓迫人民，人民才不厭棄統治者。

因此，有「道」的「聖人」不但有自知之明，而且不自我表現；但求自愛，而不自顯高貴。

所以要捨去後者（自見、自貴），而保有前者（自知、自愛）。

📖 評析

在這一章裏，老子重點論述了統治者要有自知之明，不要施行暴政，以免逼得人民起來造反。有的學者認為，從這一章的內容可以看出，老子對人民的反壓迫鬥爭是敵視的。這種觀點值得商榷。存在決定意識。在老子生活的春秋時代，在封建制度的歷史條件下，人口的絕大多數是農民，農民是小農經濟的生產者，他們有的是皇權主義思想，而沒有反壓迫鬥爭的思想，即使被壓迫得生活不下去而起來造反，也只是推翻舊的統治者，接受新的統治者。老子作為那個時代的思想家，要求他有支持人民反壓迫鬥爭的思想，這是用今天眼光苛求古人。在當時的歷史條件下，老子提醒統治者要有自知之明，警告他

6　去彼取此：指捨去「自見」、「自貴」，而取「自知」、「自愛」。

們不要施行暴政，希望他們像「聖人」那樣，「自知不自見」，「自愛不自貴」，讓人民能生活得下去，是符合人民的願望的。

七十三章

■ 題解

　　這一章，講了三層意思：先講敢與不敢的不同後果，次講自然的一般規律。末講自然規律不可忽視，表現了老子的人生哲學。老子認為，兩種不同的勇，產生兩種不同的結果，一則遭害，一則存活。在老子看來，天下事物，依照自然規律變化發展，都有好的結果，不會有漏失。在這裏，老子只注重自然規律，而忽視人的主觀因素，不講人的主觀努力的作用，所以他的人生哲學是片面的。

　　勇於敢則殺，勇於不敢則活[1]。

　　此兩者，或利或害。

　　天之所惡，孰知其故？

　　是以聖人猶難之。

　　天之道[2]，不爭而善勝，不言而善應，不召而自來，繟然[3]而善謀。

1　勇於敢則殺，勇於不敢則活：「敢」，堅強；「不敢」，柔弱。這兩句話的意思是，勇于堅強則會死，勇於柔弱就可以活。

2　天之道：指自然的規律。

3　繟然：坦然，安然，緩慢。

天網恢恢[4]，疏而不失。

譯文

勇于堅強就會死，勇於柔弱就可以活。

這兩種勇的結果，有的得利，有的受害。

天所厭惡的，誰知道它的緣故？

因此有「道」的「聖人」也難以解說明白。

自然的規律是，不爭鬥而善於得勝，不說話而善於應對，不召喚而自動到來，坦然而善於籌畫。

自然的範圍寬廣無邊，它的網眼雖然稀疏但從沒有漏失。

評析

在這一章裏，老子論述人生哲學，強調人的言行要順應自然規律，不逞一時之勇，以柔克剛，幹事業才會有好的結果。老子注重自然規律是對的，但忽視人的主觀能動性就不對了，因為人在自然規律面前是能夠有所作為的。譬如水往下流，是自然規律，人在懂得這一規律時，若能發揮主觀能動性，就可以築堤壩，修水庫，興利除害。正因為人能認識自然規律，又能發揮主觀能動性，利用自然規律為人類造福，所以人才會創造出越來越豐富多彩的物質文明和精神文明。

---

4 天網恢恢：「天網」，指自然的範圍；「恢恢」：廣大、寬大、寬廣無垠。這句話的意思是，自然的範圍寬廣無邊。

讀這一章，既要注意老子深邃思想給人的心靈有啟迪意義，又不可不
看出老子人生哲學的片面性。

七十四章

■ 題解

　　這一章，一開頭就向統治者提出了一個極其尖銳的問題，人民不畏懼死亡，怎麼可以用死亡來恐嚇人民呢？在老子看來，當時的統治者們施行苛政和酷刑，濫殺百姓，一旦人民不能忍受，不畏懼死亡，就會奮起反抗，推翻統治者。由此可見，老子的政治主張，是反對統治者殺人，尤其是反對統治者多殺人的。老子認為人的自然死亡，是有「司殺者殺」的「天道」掌管的，但是殘暴的人間君主卻代替「天道」把人民驅向死亡，這就完全違背了自然法則。他警告「代司殺者殺」的人間暴虐君主，殺人多是絕不會有好下場的。

　　民不畏死，奈何以死懼之？
　　若使民常畏死，而為奇者[1]，吾得執而殺之，孰敢？
　　常有司殺者殺[2]。

1　為奇者：「奇」，奇詭、詭異亂群之義。「為奇者」，指為邪作惡的人。
2　司殺者：指專管殺人的人。這裏指「天道」。

夫代司殺者殺[3]，是謂代大匠斫。

夫代大匠斫者，稀有不傷其手者矣。

🔲 譯文

人民不畏懼死亡，又怎麼能用死亡來恐嚇人民呢？

如果使人民真的畏懼死亡的話，那麼對為邪作惡的人，我們把他抓起來殺掉，誰還敢為邪作惡呢？

經常有專管殺人的人去殺人。代替專管殺人的人去殺人，就如同代替高明的木匠去砍木頭。代替高明的木匠砍木頭的人，很少有不砍傷自己手指頭的。

🔲 評析

在這一章裏，老子發出了「民不畏死，奈何以死懼之」的強烈呼聲，表示了對統治者的極大憤慨，嚴正警告統治者，用死來嚇唬人民是沒有用的，殺人越多越沒有好下場。老子作為一位思想家，能夠發出如此的強烈呼聲，是值得稱道的。

3　代司殺者：代替專管殺人的人。

七十五章

■ 題解

　　這一章，老子描述了人民與統治者之間的矛盾對立狀況，指責統治者繁重的經濟剝削和嚴酷的政治壓迫，表現了對勞動人民的深切同情。在老子看來，由於統治者橫征暴斂，厚奉自養，政令繁苛，強作妄為，使得人民不但陷於飢餓，而且動輒得咎，這就迫使人民不畏懼死亡，進行反抗，為生存而鬥爭。因此老子認為，寬容的政治，比暴虐的政治要高明得多。

　　民之饑，以其上食稅之多，是以饑。

　　民之難治，以其上之有為[1]，是以難治。

　　民之輕死，以其上求生之厚[2]，是以輕死。

　　夫唯無以生為者，是賢於貴生[3]。

1　有為：指統治者政令繁苛，強作妄為。

2　以其上求生之厚：由於統治者奉養過於豐厚奢侈。

3　賢於貴生：「賢」，勝過的意思；「貴生」厚養生命。這句話的意思是，勝過奉養奢厚的人。

人民之所以遭受飢餓，是由於統治者吞食的賦稅太多，所以人民才陷於飢餓。

人民之所以難以統治，是由統治者政令繁苛而肆意妄為，所以人民才難以統治。

人民之所以輕生冒死，是由於統治者奉養自己的生活過於奢厚，所以人民才被逼得鋌而走險。

只有不過分看重自己生命不追求厚養的人，才比過分看重自己生命追求厚養的人高明。

目 評析

在這一章裏，老子論述人民與統治者之間的尖銳矛盾，根本原因在於統治者對人民進行繁重的經濟剝削和嚴酷的政治壓迫。如果說在前一章裏，老子對統治者施行苛政和酷刑，濫殺百姓，給予了強烈抨擊，那麼在這一章裏，老子對統治者「食稅之多」、「求生之厚」，造成人民飢餓和輕死，作了無情揭露。老子如此竭力鞭撻統治者，反映人民被剝削被壓迫的強烈呼聲，實屬難能可貴。

七十六章

■ 題解

　　這一章，老子描述了事物的柔弱與堅強的變化發展情景，柔弱的事物充滿著生機，堅強的事物走向死亡，這種情景不論在自然界或人類社會都普遍存在，含有豐富的辯證法思想。老子從人類和草木生存現象中歸納出一條普遍規律：成長的東西都是柔弱的，但有生命力，因而也就強大；接近死亡的東西都是堅強的，但正失去生命力，因而也就脆弱。老子的這種看法，來源於對自然和社會現象的觀察和總結。在這裏，柔弱和堅強，「生之徒」與「死之徒」，都是事物變化發展的內在因素起作用。堅強的東西，生機正逐漸失去，所以居於下降的地位；柔弱的東西，正在生長發展，所以居於上陞的地位。

　　人之生也柔弱，其死也堅強[1]。
　　草木之生也柔脆，其死也枯槁。

1　人之生也柔弱，其死也堅強：「柔弱」指人體柔軟；「堅強」指人體僵硬。這兩句話的意思是，人活著的時候，身體柔軟，死了以後就變成僵硬的了。

故堅強者死之徒[2]，柔弱者生之徒[3]。

是以兵強則滅，木強則折。

堅強處下，柔弱處上。

譯文

人活著的時候身體柔軟，死了以後身體變得僵硬。

草木生長的時候枝幹柔軟脆弱，死了以後就變得乾枯了。

所以堅強的東西屬於死亡的一類，柔弱的東西屬於生長的一類。

因此用兵逞強就會遭致滅亡，樹木強大了就會遭到砍伐摧折。

凡是強大的東西，總是處於下降地位；凡是柔弱的東西，總是居於上陞地位。

評析

在這一章裏，老子通過觀察人類社會和自然界普遍存在的現象，總結出一條普遍規律，「堅強者死之徒，柔弱者生之徒」，反映了他一貫的貴柔思想。老子認為，用兵逞強就會遭致滅亡，樹木壯大了就會遭到砍伐摧折，意在告誡人們，人生在世，不要逞強好勝，不要與人爭鬥，而要遵循自然規律，處柔守順，平安地度過一生。老子的這種處世哲學，雖然未免消極，缺乏奮發進取精神，但卻含有安定社

---

2 死之徒：屬於死亡的一類。
3 生之徒：屬於生長的一類。

會，珍惜生命的積極意義。

七十七章

■ 題解

　　這一章，老子描述了張弓的四種情景，喻示了「天之道」的合理，表達了他的社會理想。他以「天之道」與「人之道」作對比，認為「天之道」最公平，而「人之道」最不公平，主張「人之道」應該效法「天之道」。在老子看來，只有有「道」的人，才能拋棄「人之道」的「損不足以奉有餘」，而取法「天之道」損「有餘以奉天下」。老子提出損「有餘以奉天下」，體現了他的社會財富平均化和人類平等的觀念，同時也反映了他對理想社會的渴望與嚮往。

　　天之道，其猶張弓歟？高者抑之，下者舉之，有餘者損之，不足者補之。

　　天之道，損有餘而補不足。人之道[1]，則不然，損不足以奉有餘。

　　孰能有餘以奉天下？唯有道者。

　　是以聖人為而不持，功成而不處，其不欲見賢[2]。

1　人之道：指社會的一般政治法律制度，即人為的統治之道。

2　是以聖人為而不持，功成而不處，其不欲見賢：這三句話，歷來注釋家都認為與上文意義不相連屬，疑為古注文誤入。

自然的規律，不就像拉開弓弦射箭瞄準一樣嗎？弦位高了就壓低些，低了就抬高些，弦拉得過滿就減少些，拉得不夠滿就補充些。

自然的規律，就是減少有餘，用來補給不足。但社會的政治法律制度就不是這樣，卻要剝奪不足，以供奉有餘的人。

誰能把有餘拿來供給天下人的不足呢？只有有「道」的人才能做到。

因此，有「道」的人作成事情而不自恃己能，有所成就而不居功自傲，並不想向人表現自己的聰明才智。

■ 評析

在這一章裏，老子論述了「天之道」與「人之道」的不同，主張「人之道」應當效法「天之道」，「損有餘而補不足」，體現了他的社會財富平均化和人類平等的觀念，反映了封建社會小農經濟的平均主義思想。老子的「損有餘而患不均」觀念，與孔子的「不患貧而患不均」觀念，雖有異曲同工之妙，但前者表述得更具體更實際。老子與孔子的社會財富平均化觀念，在中國兩千多年的歷史進程中，產生了極其深遠的影響，對社會生產的發展起著消極破壞作用。甚至到當代，林彪等人搞的那套假社會主義，就是用平均主義冒充社會主義的，嚴重地挫傷了人民群眾的積極性，使社會生產力受到極大的破壞，不能說與老子、孔子的影響沒有關係。因此，老子的「損有餘而補不足」觀念，雖然是出於對統治者政苛稅多的痛恨，出於對人民飢

餓輕死的同情，用心是好的，但其做法是不可取的，也是行不通的。

七十八章

■ 題解

　　這一章，老子以水為例，講述柔可以勝剛、弱可以勝強的道理。水表面上最為柔弱，但柔弱的滴水可以穿鑿堅硬的岩石，洪水可以沖跨堅固的城池橋樑，淹沒田園村舍，所以堅強的東西反而不能戰勝柔弱的水。當然老子所說的水的柔弱，並不是說水軟弱無力，而是讚美水具有堅韌的內在力，具有任何力量都不可替代的能量。在老子看來，「弱之勝強，柔之勝剛」，天下沒有人不知道，卻沒有人依照這個道理去行事。因此，老子通過讚美水的品格，喻示國家的君主應該像水那樣，採取柔弱的施政方針，對國家實行「無為而治」，反而會具有堅強的力量，把國家治理好。

　　本章最後「正言若反」一句話，是老子辯證法思想的集中概括。在老子著作中，有許多表述事物相反相成方面的話，如「大成若缺」、「大盈若沖」等等；也有許多相互對立的概念如動靜、柔剛等等。這些表述，反映了事物相互對立、相互排斥、相互依存，在一定條件下相互轉化、相互融合的屬性，而事物兩方面相互轉化，取決於

事物自身的運動，以及內外條件的變化和影響。用這些事例去認識自然界和人類社會的一切事物，就會懂得「正言若反」的深刻含義了。就這一章而言，「正言若反」是對「聖人云」作的結論，喻示統治者若能引咎罪己，承擔國家屈辱和災難的責任，人民反而會擁戴他，他才配作國家的君主，配作天下的君王。

　　天下莫柔弱於水，而攻堅強者莫之能勝，以其無以易之[1]。
　　弱之勝強，柔之勝剛，天下莫不知，莫能行。
　　是以聖人云：「受國之垢[2]，是謂社稷主；受國不祥[3]，是為天下王。」
　　正言若反[4]。

■ 譯文

　　天下沒有什麼東西比水更柔弱的，但攻擊堅強的東西，卻沒有能勝過水的，因為沒有任何東西能代替它。

　　弱能勝強，柔能勝剛，天下沒有人不懂，可是沒有人能實行。

　　因此有「道」的人說：「能承擔國家遭受屈辱的責任，才配稱作國家的君主；能承擔國家出現災難的責任，才配作天下的君王。」

　　正面的話像是反話似的。

1　無以易之：「易」，代替。沒有什麼力量能代替它。
2　受國之垢：「垢」，屈辱。這句話的意思是，承擔全國的屈辱。
3　受國不祥：「不祥」，災難，災殃，禍亂。這句話的意思是，承擔全國的禍難。
4　正言若反：正面的話好像反話。

📋 評析

在這一章裏，老子讚美水的品格，具有堅韌的內在力，以柔勝剛，以弱勝強，反映了老子辯證法思想的不徹底性。水往下流，這是自然規律，水必須借助外在條件，居於高處，從上往下流，它具有的堅韌內在力才能發揮作用，水量越大，居處越高，流速越快，它的作用就發揮得越強大。反之，水若處於無法從上往下流的平地或窪地，它具有的堅韌內在力就不可能發揮作用。水的內在力必須借助外在條件而發揮作用，這就是水的內因與外因相互關係的辯證法。所以，以柔勝剛，以弱勝強，是要有條件的，而不是無條件的。因此，老子只講水的內因，不講水的外因，不講內因與外因的結合，是片面的。

這一章的前半部分，老子講了水具有堅韌內在力的品格；這一章的後半部分，老子於未言之中暗示了水的另一種品格，趨下居卑，引用「聖人」的話，喻示統治者要像水那樣趨下居卑，具有寬容胸懷和謙卑精神，能承擔國家屈辱和災難的責任，實行「無為而治」，這樣才有資格當國家的君主，當天下的君王。

七十九章

■ 題解

■ 題解

　　這一章，講的是統治者與老百姓之間的矛盾及解決矛盾的辦法，警告統治者不要積怨於民，積怨太深，就難以和解，即便是表面做幾件所謂與民有益的事，並以此籠絡人心，和解民怨，其結果必然是徒勞無補。因此，執政者應該像有「德」的聖人那樣，「執左契而不責於人」，行「無為」之治，以「德」化民，是理想的統治模式。用賦稅榨取人民，索取大於給與；用刑政箝制民眾，苛刻甚於寬容，都是構怨於民。這樣的政治就是無「德」，而無「德」的政治，必將為「天道」所不容，會遭到人民的反抗。所謂「天道無親，常與善人」，並不是說有一個人格化的「天道」存在，並且幫助善人；而是說善人之所以得到幫助，是由於他有「德」，所作所為符合自然規律（天道），自然會得到好的結果。

　　和大怨，必有餘怨。

　　報怨以德¹，安可以為善？

1　報怨以德：此句原在六十三章「大小多少」句後，注家多認為此句文意上下不相連屬，當為此章錯簡，故移入。

是以善人執左契[2]，而不責於人。

有德司契，無德司徹[3]。

天道無親[4]，常與善人。

目 譯文

和解深重的怨恨，必然還有餘留的怨恨。

以「德」來報答怨恨，這怎麼算是妥善呢？

因此，有「道」的人保存借據的存根，而不強迫別人償還債務。

有「德」的人就像持有借據的「聖人」那樣寬容，無「德」的人就像掌管稅法的人那樣刁詐苛取。

自然規律對任何人都無所偏愛，卻永遠幫助善於按自然規律辦事的人。

目 評析

---

2 左契：契券。古時借債，刻木為契，從中剖為左右兩半，左邊的一半稱為「左契」由借債人訂立，交由債權人收執；右邊的一半稱為「右契」，由債權人訂立，交由借債人收存。還時，由債權人出示左邊的一半，向借債人索還債務。左右兩契，各地習俗相異，尊卑不同。按老子的說法，債權人所執的當是左契。

3 有德司契，無德司徹：「司契」、「司徹」，均為古代掌管稅收的官職。「徹」，周代的稅法。這兩句話的意思是，有「德」的人就像持有借據那樣從容，無「德」的人就像掌管稅法的人那樣刁詐苛取。

4 天道無親：「無親」，沒有偏愛。這句話的意思是，天道對人無所偏愛。此言與五章所說「天地不仁」同義。

在這一章裏，老子論述的內容，要而言之，意在向統治者建言，勸其為善，但統治者出於自身的階級本性，是聽不進老子勸善之言的。

八十章

■ 題解

　　這一章，描述了「小國寡民」的農村社會生活情景，構畫了一幅美好的藍圖。充滿了田園氣息的農村歡樂氛圍，表達了老子的社會政治理想。在老子看來，當時的統治階級為實現廣土眾民而進行兼併戰爭，給人民帶來深重的災難；為追求奢侈生活而爭奪物質財富，榨取人民的勞動果實；使用智巧詐偽的手段對人民實行統治，導致人民的不滿和反抗，反而說人民難治，等等，這種種社會現實問題應當如何解決呢？他提出了復古式的「小國寡民」的構想。按照這種構想，國土小，各種器具、船隻、車輛乃至兵器裝備，都沒有必要使用，人們用結繩的方法記事，不會攻心鬥智。在這樣的寡民小國裏，沒有強取和暴力，沒有狡詐和欺騙，民風淳樸敦厚，生活恬淡安定，即使是望得見鄰近的國家，甚至是聽得見鄰國的雞鳴狗吠之聲，人們從生到死也不互相往來。如果天下各個小國都過著這樣和平寧靜的生活，也沒有必要冒著生命危險遠徙謀生了。老子的這種構想，雖然只是烏托邦式的幻想，是不可能實現的，但在當時社會由奴隸制向封建制轉變的

歷史背景下，它卻是小農經濟在老子思想上的反映，表達了農民的樸素願望，因而是有進步意義的。

> 小國寡民[1]，使有什伯之器而不用[2]；使民重死而不遠徙[3]。雖有舟輿，無所乘之；雖有甲兵，無所陳之；使民復結繩而用之。
> 至治之極，甘其食，美其服，安其居，樂其俗。鄰國相望，雞犬之聲相聞，民至老死，不相往來。

▤ 譯文

國家小，人民少，即使有各種器具，卻並不使用；使人民重視死亡，而不向遠方遷移。雖然有船隻、車輛，卻沒有必要去乘坐；雖然有兵器裝備，卻沒有地方去佈陣打仗；使人民回覆到遠古結繩記事的純樸狀態。

國家治理得好極了，人民有甜美的飲食，漂亮的衣服，安適的居所，歡樂的習俗。國與國之間互相望得見，雞鳴狗吠的聲音也可以互相聽得到，人民從生到死，互相不往來。

▤ 評析

在這一章裏，老子所描述的農村理想社會，反映了當時小農經濟

1　小國寡民：國家小，人民少。這是老子構想的以小農經濟為基礎的理想社會。
2　使有什伯之器而不用：「什」當眾、雜義解；「伯」即為「百」；「器」，器具，這句話的意思是，即使有各種各樣的器具卻並不使用。
3　使民重死而不遠徙：「重死」，畏死，即不輕易冒生命危險；「徙」，遷徙，流離。這句話的意思是，使人民看重死亡而不向遠方遷移。

條件下農民的樸素願望，不受外界干擾，過自給自足的生活。老子的這種社會理想，雖然只是一種烏托邦式的幻想，是無法實現的，但它在中國歷史上所產生的影響卻是深遠的。晉代陶淵明所寫的一篇傳誦至今的名篇《桃花源記》，「桃花源」中人們的自給自足的生活方式，與老子農村理想社會裏人們的自給自足的生活方式，頗為相似，顯然是陶淵明的思想受到了老子的思想影響。二十世紀六十年代中期，國家領導人曾對建設農村人民公社提出構想，主張亦工亦農亦商亦學，就是想讓農民在新的歷史條件下過自給自足的生活，不能不說與老子的思想影響有關。所不同的是，他的構想由農村人民公社來實踐。由於他的構想只是一種美麗的幻想，是違反時代潮流的，實踐是行不通的，不得不以失敗告終。

八十一章

■ 題解

　　這一章，描述了一些社會現象，揭示了事物的表面現象與內在實質的不一致，說明了真與假、美與醜、善與惡的矛盾對立。這表明，老子富有辯證法思想，觀察事物是比較深入的。這一章講述了三層意思，先講如何認識人，提出了評判人的言行的道德標準；次講「聖人」的為人，無私無藏，儘量以自己有的幫助別人；最後講「聖人」的言行準則遵循「天之道」。在老子看來，人們的言行之所以有真與假、美與醜、善與惡之分，在於有的人並不利己，有的人則是利己的。只有「聖人」才是「不積」的，才是「為人」、「與人」的。「聖人之道」的「為而不爭」，符合「天之道」的「利而不害」。這一章，是全書的最後一章，是老子人生觀、哲學思想、政治主張的高度概括，是全書的結束語。

　　信言不美，美言不信[1]。

1　信言不美，美言不信：「信言」，真誠的語言；「美言」華麗的語言，即巧語，漂亮話。這兩句話的意思是，真誠的語言不華美，華美的語言不真誠。

善者不辯[2]，辯者不善。

知者不博，博者不知。

聖人不積[3]，既以為人己愈有，既以與人己愈多。

天之道，利而不害。

聖人之道，為而不爭。

▤ 譯文

真誠的言詞不華美，華美的言詞不真誠。

行為善良的人不會曉曉巧辯，會曉曉巧辯的人不善良。

真正有深刻見解的人不廣博，廣博的人不會有深刻的見解。

有「道」的「聖人」無私無藏，他儘量以自己的所有幫助別人，自己反而更為充實；他給與別人的愈多，自己反而愈豐富。

自然的規律，有利於萬物而不加傷害。「聖人」的準則，乃是有所為而不爭於民。

▤ 評析

在這一章裏，老子運用哲學思想來闡釋人生觀與政治主張，言簡意賅。這一章的前半部分，講的是真、善、美與假、惡、丑的對立關係，宣導人生應該擯棄假、惡、丑，追求真、善、美。真、善、美的

2　善者：可以理解為行為善良的人，或者是善於言詞的人。

3　不積：不自私，沒有佔有欲，無私無藏。

完滿結合，是人生的最高精神境界，是人們所應當追求的。老子的這種人生觀，是積極的，高尚的，值得今人借鑒。這一章的後半部分，講的是「聖人」的治世之道。這裏的所謂「聖人」，指的是老子理想中的最好的統治者。老子認為，由於「聖人」是無私的，能「為人」、「與人」，所以能遵循「利而不害」的「天之道」，實行「無為而治」，「為而不爭」。很可惜，老子的用心是好的，值得稱讚的，但他理想中的「聖人」，從古至今也不曾出現過。

《道德經》簡論

　　老子，是我國人民所熟知的一位古代偉大的思想家，他所撰述的《道德經》，開創了我國古代哲學思想的先河。他的哲學思想和由他創立的道家學派，不但對我國古代思想文化的發展，作出了重要貢獻，而且對我國兩千多年的思想文化的發展，產生了深遠的影響。在我國長達兩千多年來思想文化史上，只有老子及其道家學派，才可以與孔子及其儒家學派相抗衡。研究老子及其撰述的《道德經》，對於弘揚我國傳統文化，促進「兩個文明」建設，是有積極意義的。

一、老子生平事蹟述略

　　老子生平事蹟，史書記載的不多。司馬遷的《史記·老子傳》是這樣記敘的：

　　老子者，楚苦縣厲鄉曲仁裏人也。姓李氏，名耳，字聃，周守藏室之史也。

　　孔子適周，將問禮於老子，老子曰：「子所言者，其人與骨皆已

朽矣，獨其言在耳。且君子得其時則駕，不得其時則蓬累而行。吾聞之，良賈深藏若虛，君子盛德，容貌若愚。去子之驕氣與多欲、態色與淫志，是皆無益於子之身。吾所以告子者，若是而已。」孔子去，謂弟子曰：「鳥，吾知其能飛；魚，吾知其能遊；獸，吾知其能走。走者可以為罔，遊者可以為綸，飛者可以為矰。至於龍，吾不能知其乘風雲而上天。吾今日見老子，其猶龍邪！」

老子修道德，其學以自隱無名為務。居周久之，見周之衰，乃遂去。至關，關令尹喜曰：「子將隱矣，強為我著書。」於是老子乃著書上下篇，言道德之意五千餘言而去，莫知其所終。……

除《史記》而外，《左傳》、《禮記》、《孔子家語》、《莊子》、《列子》等書，都有關於老子生平事蹟的片斷記載。根據這些史書的記載，老子是春秋時期陳國人，約生活於公元前 571 年至 471 年之間。他早年在周王室任圖書管理員。魯昭公二十六年（公元前 516 年）周王室發生內亂，王子朝攜帶大量典籍逃奔到楚國。老子所管理的圖書自然也被帶走，他因此而被免職，歸居故里。隨後，他到了魯國，在那裏生活了多年。魯定公五年（公元前 505 年），孔子從老子「助葬於巷黨（魯國地方）」。老子在魯國時，孔子與他有過不少往來。魯定公九年（公元前 501 年），老子居住在沛國，「孔子行年五十有一，南之沛，見老子」。老子晚年返回故里陳國居住。魯哀公十七年（公元前 478 年），「楚滅陳」，老子遭亡國之痛，不得不逃亡他國，最後死於秦國，「秦失弔之」。

二、《道德經》是怎樣產生的？

老子生平事蹟雖然史書記載不多，但他所撰述的《道德經》卻流傳至今，給我們中華民族留下了珍貴的精神文化遺產。

《道德經》作為一部思想內容豐富的哲學著作，它並不是由老子的頭腦憑空想出來的產物，而是春秋時代社會存在的反映，是有著深刻的社會根源和思想淵源的。

大量的史籍和地下出土文物證明，春秋中葉，冶煉技術已經很發達了。隨著冶煉技術的日益發展，鐵器的使用範圍也日益擴大，它不僅應用到農業生產上，而且也應用於手工業生產上，擴大了生產領域，提高了社會生產力。社會生產力的提高，社會物質產品的大量增加，推動了商品生產的發展，促進了商業的發展；而商業的發展，不僅產生了大批的商人，而且還促進了土地的自由買賣，加速了經濟制度的變革，使奴隸制經濟迅速向封建制經濟轉變。

經濟制度的劇烈變革，引起政治上的劇烈動盪。早已衰微的周王室，更加沒有能力維持自己的統治，而各諸侯國的統治者為了滿足自己的私欲和野心，互相爭戰不已。據史書記載，春秋之世二百四十二年，列國之間進行軍事戰爭就有四百八十三次，爭城奪地，互相砍殺。在各諸侯國爭戰中，齊楚秦晉等大國之間的爭霸，更是愈演愈烈。各小國不但要向大國獻貢納賦，依靠大國而生存；同時又有被大國侵奪兼併的危險。各國先後實行的繁雜的稅賦制度就是反映了經濟制度的變化和軍事戰爭的經費需要。在這種情況下，無論是大國還是小國，勞動人民都承受著雙重剝削的痛苦。

「人民病苦」、「道殣相望「，就是勞動人民痛苦生活情景的寫照。與此相反，各諸侯國封建統治者們過的生活，都是「宮室日更，淫樂不違」。一方面，是老百姓的貧而饑；另一方面，是統治者們的富而奢。不甘心死於溝壑的人，常常鋌而走險，起來為盜。「多盜」，是當時各諸侯國的普遍現象，是對統治者殘酷剝削的一種反抗。統治者力圖以加強「政刑」來消弭「盜寇」，於是，先後出現了「刑書」和「刑鼎」，以法律代替鞭子，鎮壓老百姓的反抗。

以上所述，就是春秋時代社會經濟和政治情況，就是產生老子思想的社會根源。他在《道德經》中提出的「天之道」的哲學觀點和「人之道」的政治主張，則是當時社會存在的反映。

老子哲學的產生，固然是那個時代社會存在的反映，但它的構成必有前人的思想淵源。首先，從述古來看，今本《道德經》五千餘言，其述古之處並不少見，有的標明直接援引古人之言，有的未標明援引古人之言，有的援引古籍之語而未標明出處。標明直接援引古人之言的有二十二章、四十一章、五十七章、六十九章、七十八章等。援引古籍中之語而未標明出處的有五章、七十九章源於《周易》，六十四章本於《周書》，三十六章出自《詩經》。要而言之，老子的學說源於古之學術，與《詩》、《書》、《易》的思想有著淵源關係。

其次，從繼承前人的哲學觀念來看，《道德經》中表述的關於「道」為萬物本原，「天之道」、陰陽對立、對立統一之「和」、「物極則反」等唯物的、辯證的觀點，都是老子在吸收了前代賢哲的思想資料的基礎上，加以提煉、改造、發展，創造性地構成了自己的哲學

體系，在我國古代哲學史上起到了承先啟後的巨大作用。

三、《道德經》的基本內容

　　《道德經》雖只有五千餘言，但它思想深邃，內涵極其豐富。概括地說，基本內容可分為唯物主義思想、辯證法思想、認識論、人生觀、政治主張、社會理想六個方面。

（一）唯物主義思想

　　老子哲學的中心思想，就是「道」。在五千餘言、八十一章的《道德經》中，「道」共出現過七十四次，在一章、四章、八章、九章、十四章、十五章、十六章、十八章、二十一章、二十五章、三十二章、三十七章、四十章、四十二章、四十七章、五十一章、七十三章共十七章裏，對「道」作了重要表述。特別是四十二章，集中而明確地表達了「道」生萬物的觀點，回答了世界本原問題，反映了老子的本體論。

　　綜觀老子的表述，「道」有六種涵義：①「道」是一種物質性實體，既是無形的，又是有形的，「無，名天地之始；有，名萬物之母」。②「道」在萬物出現之前就有了，「有物混成，先天地生」。③「道」是一種耳聽不到，眼看不見的氣體，萬物由它而生。「道之初物，惟恍惟惚」；「道生一，一生二，二生三，三生萬物，萬物負陰而抱陽，沖氣以為和」。④「道」是有規律地永不停息地運動著的，

「獨立而不改，周行而不殆」，「大曰逝，逝曰遠，遠曰反」。⑤「道」的規律，既是自然規律，也是社會規律，即所謂「天之道」和「人之道」。⑥能夠依照「道」的規律辦事，就是認識了「道」，理想的統治者，就是體「道」的「聖人」。

以上六種涵義，要而言之，就是萬物都由「道」而產生，萬物消滅又都復歸於「道」；萬物的每一生一滅，都是遵循著「道」的否定之否定的規律；「道」的運動規律是可以被人們認識和掌握的。這種關於「道」作為物本體的表述，貫串《道德經》五千餘言之中，系統地反映了老子唯物主義哲學思想。

在老子哲學裏，根本否定了「神」的存在，否定了「神」對世間萬物的創造和主宰。早在兩千多年前，《道德經》就包涵了無神論思想，是很了不起的。

但是，《道德經》中表述的唯物主義思想，是有缺點的，其一，是「道」概念和「無」概念的表述，有許多含混不清的地方。有的時候，「道」是指物質世界的實體，亦即宇宙本體；有的時候，「道」又是指事物運動變化的普遍規律，沒有分清物質實體與物質運動規律的不同。而「道」與「無」究竟是什麼關係？什麼是「無」？「天下之物生於有，有生於無」的真正涵義是什麼？都沒有表述清楚。其二，是「天道」概念和「鬼神」概念的表述，不清楚，不明確，還多少帶有一些神秘主義色彩。這兩條缺點的存在，反映了老子的唯物主義思想的直觀性、幼稚性、不徹底性，限於當時的社會歷史條件和科學水準，是不可避免的。正是這些缺點，被後世唯心主義哲學家和有

神論者所利用和發展；而後世唯物主義哲學家和無神論者，則繼承和發展了老子唯物主義思想的正確內涵。

（二）辯證法思想

《道德經》這本書，雖只有短短的五千多言，但它所包含的辯證法思想，卻是相當豐富的。在這本書裏，老子比較系統地揭示出事物的存在是互相依存的，而不是孤立的，描述了自然界和人類社會充滿著對立統一的矛盾現象。屬自然界矛盾現象的，有大小、多少、高低、遠近、厚薄、輕重、靜躁、黑白、寒熱、皦昧、歙張、雌雄、實華、正反、同異等等。這些對立統一的現象，涉及數學、物理學、天文學、地理學、生物學等眾多自然科學領域的問題，這說明老子的辯證法思想，是有直觀片面性，但卻也反映了老子具有較豐富的自然科學知識和較高的認識水平；屬於人類社會矛盾現象的，有美醜、善惡、真偽、是非、利害、禍福、生死、榮辱、智愚、吉凶、興廢、進退、主客、巧拙、辯訥、難易、公私、怨德、貴賤、貧富、治亂等等，這些對立統一的現象，涉及經濟、政治、軍事、道德、修身、審美、語言等眾多社會科學領域的問題，這說明老子的辯證法思想，反映了老子對社會現實的深刻認識。

老子不僅描述了自然界和人類社會的對立統一的矛盾現象，說明了一方不存在，另一方也就不存在，而且還認為對立統一是一切事物的普遍的永恆規律。他說：「有無相生，難易相成，長短相形，高下相盈，音聲相和，前後相隨。」老子不僅認為此事物與他事物之間互

相對立統一，而且還認為一切事物內部也存在著互相對立統一。他說：「萬物負陰而抱陽」。這是老子辯證法思想對客觀辯證法的深刻反映。

老子不僅揭示了事物的對立統一規律，而且還揭示了事物的對立雙方互相轉化的規律。他說：「禍兮，福之所倚；福兮，禍之所伏。……正復為奇，善復為妖」。在這裏，老子對事物轉化規律的表述，是不全面不完備的。他只看到事物對立的一方向另一方轉化的事實，而忽視了轉化是有條件的，不瞭解條件在轉化中的作用。脫離條件而講對立面的轉化，就把對立面看成是無條件的，絕對的。沒有一定的條件起作用，禍就不可能轉化為福；福也不可能轉化為禍。

在老子辯證法思想裏，沒有事物的品質互變規律，但卻注意到事物量的積纍，可以引起質的變化。他說：「合抱之木，生於毫末；九層之臺，起於累土，千里之行，始於足下。」這一番話，形象而生動地說明了事物的量變質變關係，量的不斷積纍，逐漸引起質的變化，後來的事物就不是原先的事物了。這種樸素辯證法思想，在古代是深刻的見解，在德今天仍然有積極意義。

在老子的辯證法思想裏，也沒有事物由低級向高級發展的否定之否定的規律，但也初步接觸到了這方面的問題。他說：「大直若屈，大巧若拙，大辯若訥」，意思是好似屈的大直並不是真正的屈，好似拙的大巧並不是真正的拙，好似訥的大辯並不是真正的訥，它們都是原來階段的質上陞到高一階段後的新質。他還說：「明道若昧，進道若退，……廣德若不足，建德若偷」，都是指高一階段的新的質與原

來階段的質既相似卻又不同。他用「含德之厚，比於赤子」，形象地比喻道德修養深厚的人，猶如純樸天真的嬰兒那樣。這種樸素的辯證法思想，深刻地反映了客觀辯證法。

（三）認識論

老子在《道德經》裏所表述的認識論，既強調觀察事物的客觀性；又輕視感性認識而注重理性認識。就前者而言，是屬於唯物主義的；就後者而言，難免帶有唯心主義的色彩了。

在《道德經》裏，老子多次提出，觀察事物要客觀，不能主觀。他說：「以身觀身，以家觀家，以鄉觀鄉，以邦觀邦，以天下觀天下。吾何以知天下之然哉！以此。」在這裏，老子的認識論是含有主觀與客觀相統一的意思的，他雖說的是以修道的身來觀察以身修道的好處，以修道的家來觀察以家修道的好處，等等，但畢竟強調的是觀察事物首先要把眼光放在客觀對象之　上。這是不錯的，接近唯物主義反映論。與此同時，他還反對無根據的主觀臆斷，認為「前識者，道之華」，即認為無根據的主觀臆斷，只知「道」的表面的浮華現象，並不能認識「道」的實質，這是有其合理成分的。由此而進，他還提出了人要善於知人知己的主張，反對自以為是。他說：「知人者，智也；自知者，明也」，認為一個人做到了知人知己才是明智的。他還說：「知不知，尚矣；不知知，病矣」，認為一個人只有謙虛謹慎，自己有了知識，反而不自以為有知識，才是一種美德；反之，一個人強不知以為知，就是他的毛病了。這些看法，作為認識

論，在古代是深刻的見解；在今天，對人們的思想還是有啟迪，有教益的。

老子的認識論特別強調，人要正確認識事物，必須擺脫情感欲望的影響。在老子看來，所謂智、仁、禮等觀念，都是統治者「言偽而辯」的情感欲望的產物，不擺脫它們的影響，就不能認識事物的真相。所以他說「大道廢，有仁義；智慧出，有大偽」，意思是說，有了仁義，大道就不存在了，哪裏還談得上認識它呢？大偽是出自智慧，有這樣的智慧當然就不能正確地認識事物了。因此，他認為「為學者日益，為道者日損」，在這裏，「學」是指仁義禮法的學問，「日益」是指情感欲望日益增多；「道」是指自然之道，「日損」是指情感欲望日益消損。只有「棄智」、「絕學」，才能擺脫情感欲望的影響，才能認識客觀事物的真相。有的人注釋《道德經》，認為老子的「棄智」、「絕學」，是要人們拋棄一切智慧，杜絕一切學問，提倡愚昧主義，這是不懂得老子的認識論。不過，「棄智」、「絕學」的提法，也難免使人產生誤解。

由以上所述可以看出，老子的認識論，是具有唯物主義思想和辯證法思想的，但由於老子的唯物主義思想的不徹底性和辯證法思想的不徹底性，這就不可避免地使他的認識論具有片面性的嚴重缺點，過分注重理性認識的作用，忽視感性認識的作用，否定實踐的作用。他說：「不出戶，知天下；不窺牖，見天道，其出彌遠，其知彌少，是以聖人不行而知，不見而明，不為而成」，「塞其兌，閉其門，終身不勤」。這番話的大意是，人居住在家裏，不須出門，眼不看，耳不聽，什麼事都不幹，一輩子也不用實踐，只要進行理性思維，就能知

天下事，就能知日月眾星的運行規律。老子如此把理性認識絕對化，就不能不使他的認識論部分地陷入唯心主義和形而上學的錯誤。

（四）人生觀

如前所述，老子的哲學，講的是道、是德、是天、是地，都是大自然。大自然是按其固有的規律運行的，所以大自然是無私智，無私意、無私情、無私欲、行所無事的。要而言之，這就是老子的宇宙觀。老子的人生觀，取決於他的宇宙觀。

老子在《道德經》裏講的人生觀，總原則是「法自然」，順應自然而行，不違反自然而行。分析其內容，則有以下幾點要義：

（1）無私。老子認為，「道」生萬物，「德」養萬物，是無私的。人依「道」而行，亦應如此。他提出所謂的「聖人無私」，「聖人無藏」，「既以為人，既以與人」，「執左契而不責於人」，等等，都是無私的表現。把他的話譯成今天的語言來說，就是：有道德的人不多占財物，也沒有必要多占財物，盡自己的能力為人群服務，使他們得到好處，也不要求報答。老子的無私，也不是要人們完全沒有私，而是要先人後己，先公後私。在他看來，「聖人無藏」，自己反而「有餘」；盡力為他人，反而「己愈有」，以其無私，「故能成其私」。

（2）容人。老子認為，「天地之間，虛而不屈」，意思是天地廣大無所不容，人法自然，就是要「虛其心」，虛懷若谷，是為「上德」。唯虛能容人，所以「人無棄人」；唯虛能容物，所以「物無棄

物」；唯虛能寬大、所以「報怨以德」；唯虛能變通而不偏執；所以對於善人固然能以善對待，對於不善的人也能以善對待。

（3）謙退。老子認為，大道「為而不恃，功成而不處」，所以人亦當自謙。自謙的表現是：不自大，不自見，不自是，不自伐，不自矜。而謙，是會受益的，所以不自大反而能成其大，不自見反而能明，不自是反而能彰，不自伐反而有功，不自矜反而能長。謙的反面是驕，驕的表現是：自大，自見，自是，自伐，自矜，而驕是會「自遺其咎」的，自大反而不能成其大，自見反而不能明，自是反而不能彰，自伐反而無功，自矜反而不能長。

由於謙虛，所以與人不爭，「夫唯不爭，故天下莫能與之爭」，只有不與人爭，才能使天下沒有誰能爭得過自己。不爭的人是上善，「上善若水，水善利萬物而不爭，處眾人之所惡，故幾於道。……夫唯不爭，故無尤」，意思是，上善的人像水一樣有利於萬物而不爭，甘願處在眾人所討厭的壞地方，這是比較符合「道」的。上善的人正因為不爭，所以沒有過錯。

由於謙虛，所以「不敢為天下先」，甘願居後，甘願處下。然而事物的發展是辯證的，居後反而能身先，處下反而有好處，就像江海處在百川的下游，百川都流歸於江海。

（4）守柔。老子認為，在自然界，新生之物總是柔弱的，而柔弱的新生之物總是充滿生機、充滿活力的，所以柔弱是「生」的自然法則。人法自然，就是要守柔。他說：「守柔曰強」，「天下之至柔，馳騁天下之至堅」，「柔弱勝剛強」，意思是說，讓自己處於柔弱的地

位，使自身內部具有的發展潛力能充分發揮作用，就能戰勝一切。

老子人生觀的要義，是法自然，講道修德，並不只 限於個人修身，其目的是由修身而推之於治天下，所以老子的人生觀與政治有密切的聯繫。

（五）政治主張

老子的政治主張，是由他的天道自然的宇宙觀決定的。在《道德經》裏，老子對自己的「無為」的政治主張，作了充分的論述。概括地說，老子的政治主張有以下幾點：

一是「無為」。在他看來，天下萬物由「天之道」「生之，畜之，生而弗有；為而弗恃；長而弗宰」。聽任萬物自生自長，就是「天之道」的「無為」。因此他認為，「人之道」應該效法「天之道」的「無為」，聽任百姓自作自息，按照天道自然的規律，「處無為之事，行不言之教」。誰來實行「無為」之治呢？老子把希望寄託在體「道」的「聖人」或「侯王」身上，只要「聖人」或「侯王」實行「無為」之治，就會出現這樣的情景：「我無為而民自化，我好靜而民自正，我無事而民自富，我無欲而民自樸」。效法「天之道」，實行「無為」之治，就不會「損不足以奉有餘」，就會「民莫之令，而自均焉」，世間就會有公平了。實行「無為」之治的人，是會得到人民擁戴的，「天下樂推而不厭」。就此而言，在老子的政治主張裏，多少包含一些民主的成分。

老子既然主張「無為」理所當然地反對「有為」，在他看來，統治者違反天道自然而「有為」，不會有好下場。他說：「將欲取天下而為之，吾見其不得已。天下神器，不可為也。為者敗之，執者失之」。「及其有事，不足以取天下」。「民之難治，以其上之有為，所以難治」。這些話的意思是，統治者治理天下要是強作妄為，是不會有好結果的。天下者，乃天下人之天下也，天下人的事是不可以強作妄為的。誰要是強作妄為，就必然會把天下人的事搞壞，誰要想霸佔天下，就必然會失去天下。老百姓之所以不順從統治者的統治，就因為統治者的強作妄為，統治者硬是強作妄為，百姓是必然會反抗的。看來，老子對當時的統治者滿懷憤慨。

二是公平。在老子看來，統治者實行的「人之道」，「損不足以奉有餘」，富者愈富，貧者愈貧，這樣的社會太不公平了。因此，他懷著對人民的深切同情，揭露了統治者們進行的殘酷剝削。他說：「民之饑，以其上食稅之多，是以饑。」「天下多忌諱，而民彌貧。」「朝甚除，田甚荒，倉甚虛；服文采，帶利劍，厭飲食。財貨有餘，是謂盜竽。非道也哉！」「民之輕死，以其上求生之厚。」這些話的意思是，人民之所以飢餓，是由於統治者們吞食的賦稅太多，因而陷於飢餓。國家的禁令越多，人民就越陷於貧困。朝政腐敗，必然造成農田很荒蕪，倉庫很空虛；而統治者們還衣著錦繡，身佩鋒利的寶劍，飽吃精美的飲食，佔有富足的財貨，這就叫做強盜頭子。這是多麼的無道啊！人民之所以不惜以死冒險，就是由於統治者們為貪求豐富奢侈的生活而榨取財富，逼得人民不惜以死冒險反抗。針對這種情況，老子發出了正義的呼聲，取消「人之道」的罪惡制度，代之以

「天之道」的公平制度，損有餘而補不足。「孰能有以奉天下？唯有道者。」誰能將有餘的財貨拿來供給天下人呢？這只有有道的人才能做到。老子的這兩句話，對後世勞動人民產生了深遠的影響，歷代農民起義的領袖，無不採取不同的形式，以「替天行道，劫富濟貧」為號召。這些農民起義領袖，就是老子寄希望的「有道者」。

三是簡政。統治者對人民進行殘酷的剝削，造成人民的破產和貧困，以致出現「盜賊充斥」的病態的社會現象。為了對付「多盜」，統治者不得不借助刑法。老子認為，統治者施用刑法，不但不能解決問題，反而招致大的災禍。他說：「天下多忌諱（即禁令多），而民彌貧；……法令滋彰，盜賊多有。」統治者只有「為無為、事無事」，才能消除「多盜」現象。「為無為」，就是法天道自然實行「無為」之治，則天下無不治；「事無事」，就是以無事治天下，不實行繁苛的政刑法令，不滋擾百姓，讓百姓各安其居，各樂其業，休養生息。這樣，就不會多盜了。「治大國若烹小鮮」是老子簡政主張的生動比喻。治理大國的道理，如同煎小魚一樣，不能多翻動，多翻動就把小魚弄爛了。在老子看來，政簡則民安，天下就太平了。老子警告統治者，不可實行繁苛的政刑法令，逼得人民無法生活下去。他說：「民不畏死，奈何以死懼之？」人民不怕死，用死來嚇唬他們是沒有用的。他又說：「民不畏威，則大威至。」人民一旦到了不怕統治者的威力的時候，那麼反抗統治者的最可怕的事情就要發生了。

四是反戰。在《道德經》八十一章裏，有六章專門談兵事，有兩章談及兵事，主導思想是反對不義的侵略戰爭，但不反對自衛戰爭。老子認為，戰爭是不祥的東西，是要死人的，所以有道者是不為的。

讚美戰爭，就是喜歡殺人。喜歡殺人者，不可能得天下。在老子看來，天下無道，征戰不休。戰爭的根本原因，是統治者的貪欲和野心。因此他說，禍患莫大於不知足，罪惡莫大於貪得無厭。老子極為憤慨地說，侵略戰爭是不道的，不道的人是會早死的。但敵國出兵來侵犯，老子也是主張還擊的。他說，對於戰爭，我不敢取攻勢，侵略別國；而只取守勢，保衛自己的國家。他又說，用「道」輔作君主的人，不靠兵力在天下逞強，用兵作戰只求達到保衛國家的目的就行了。老子相信，戰爭的結果，慈者必勝，哀者必勝。慈者是愛國愛民的將士；哀者是因國家被侵略而感到哀痛的將士，這樣的將士作戰，會不惜犧牲，英勇奮戰，所以必勝。

（六）社會理想

老子根據自己的政治主張，構想了一個理想的國家，《道德經》第八十章，對這個理想的國家作了具體而生動的描述：

小國寡民，使民有什伯之器而不用；使民重死而不遠徙；雖有舟輿，無所乘之；雖有甲兵，無所陳之，使民復結繩而用之。至治之極，民各甘其食，美其服，安其居，樂其俗。鄰國相望，雞犬之聲相聞，民至老死，不相往來。

這段具體而生動的描繪，集中地反映了老子的社會理想。實際上，小國寡民的美好憧憬，只是一個理想化的小農農業社會，是原始公社的復歸，但又不是簡單的復歸，而是在更高階段上的復歸。第一，在原始公社裏，所有成員人人平等，共同生產，共同消費，誰也

不多占物質產品為私有，雖有氏族首領管理公社事務，但無統治者，沒有侯王。在老子的理想國裏，卻是有統治者的，只是國小民少，統治者法天道自然，實行「無為」之治，使人民手中的農業生產工具（什伯之器）用於生產勞動，不被國家徵用，不奪農時，政令不繁，使人民愛養其生，不必冒生命危險遠徙謀生。第二，在原始公社裏，無舟輿，無甲兵。在老子的理想國裏，卻有舟輿，只是沒有乘坐的人；卻有甲兵，只是沒有地方陳列甲兵去打仗，也就是說，國與國之間沒有戰爭。第三，在原始公社裏，生產力水準很低，人民僅僅能夠吃飽肚子就算不錯了，哪裏還談得上有其它的享受？在老子的理想國裏，人民卻可以吃到甜美的飲食，穿上漂亮的衣服，有安寧舒適的居所，有歡樂的風俗習慣。至於「使民復結繩而用之」，也不能簡單地認為是復古倒退，而是老子企圖用古人的純樸敦厚來取代當時人的智巧詐偽；「鄰國相望，雞犬之聲相聞，民至老死，不相往來」，則是反映了當時農村小農經濟的普遍存在，經濟上自給自足，政治上「無為」而治，沒有統治者的「有為」，人民過著自足、自治、平等、恬淡、寧靜的生活。由此可見，老子的理想國，比之原始公社，是更高階段的社會。老子的這種社會理想，是根本不可能實現的，他對理想國的構想，只不過是烏托邦式的幻想而已。

老子的社會理想的產生，是有著深刻的社會歷史原因的。老子生活在春秋末期，當時的社會狀況是，奴隸制正在向封建制轉變，在經濟方面，由於冶煉技術發達，鐵器廣泛使用，農業生產力有了相當的提高，出現了大批的自耕農；在政治方面，周天子早已失去統治天下的能力，各諸侯國互相侵奪，特別是大的諸侯國，為實現廣土眾民而

進行兼併戰，給人民帶來深重的災難；為追求奢侈生活而爭奪物質財富，榨取人民的勞動果實；使用智巧詐偽的手段對人民實行統治，導致人民的不滿和反抗，反而說人民難治，等等，這種種社會現實問題的存在，應當如何解決呢？老子提出的社會構想，是小農經濟在老子思想上的反映，表達了農民的樸素願望，在奴隸制向封建制轉變時期，老子的社會理想是有進步意義的。

昌明文庫·悅讀國學　A0602008

白話譯注道德經

注　　釋　徐浩

責任編輯　蔡雅如

發 行 人　陳滿銘

總 經 理　梁錦興

總 編 輯　陳滿銘

副總編輯　張晏瑞

編 輯 所　萬卷樓圖書股份有限公司

排　　版　菩薩蠻數位文化有限公司

印　　刷　百通科技股份有限公司

封面設計　菩薩蠻數位文化有限公司

出　　版　昌明文化有限公司

桃園市龜山區中原街 32 號

電話 (02)23216565

發　　行　萬卷樓圖書股份有限公司

臺北市羅斯福路二段 41 號 6 樓之 3

電話 (02)23216565

傳真 (02)23218698

電郵 SERVICE@WANJUAN.COM.TW

大陸經銷

廈門外圖臺灣書店有限公司

　　電郵 JKB188@188.COM

ISBN 978-986-496-026-2

2017 年 7 月初版

定價：新臺幣 420 元

如何購買本書：

1. 劃撥購書，請透過以下郵政劃撥帳號：
   帳號：15624015
   戶名：萬卷樓圖書股份有限公司

2. 轉帳購書，請透過以下帳戶
   合作金庫銀行　古亭分行
   戶名：萬卷樓圖書股份有限公司
   帳號：0877717092596

3. 網路購書，請透過萬卷樓網站
   網址 WWW.WANJUAN.COM.TW

大量購書，請直接聯繫我們，將有專人為您
服務。客服：(02)23216565 分機 10

如有缺頁、破損或裝訂錯誤，請寄回更換

版權所有·翻印必究

Copyright©2016 by WanJuanLou Books CO., Ltd.

All Right Reserved　　　　**Printed in Taiwan**

國家圖書館出版品預行編目資料

白話譯注道德經 / 徐浩注釋. -- 初版. -- 桃園
市：昌明文化出版；臺北市：萬卷樓發行，
2017.07　面；　　公分. -- (昌明文庫. 悅讀國
學)

ISBN 978-986-496-026-2(平裝)

1.道德經 2.注釋

121.311　　　　　　　　　　106011196